나는 이 책을 읽으면서 겸손해질 수밖에 없었다. 처음 읽을 때는 추천자로서 접근했으나, 점점 읽으면서 어느덧 열성적인 학생이 된 나 자신을 발견했다. 도시, 공간, 신학에 관한 내 흩어진 앎의 구슬들을 한 가닥으로 꿸 수 있으리라는 기대도 하게 되었다. 오늘날 대부분의 사역은 도시를 배경으로 하지만 도시에 관한 신학은 빈곤했다. 특히 국내 저자에 의해 집필된 도시 신학 서적은 찾기 힘들었다. 그래서 이 책은 매우 진귀하다. 신학과 인문학, 사회과학을 넘나드는 저자의 박식하고 탄탄한 이해는 풍성할 뿐 아니라 허술함이 없다. 최근의 선교적 교회론이나 팀 켈러의 센터처치와 같은 논의들이 도시에 대한 혜안을 기반으로 하고 있기에, 이 책의 쓰임새는 독자에게 신학적 만족을 주는 데 머무르지 않고 설렘을 일으키는 데 이를 것이다. 교회가 도시의 창조적 해석자이자 사이의 공간으로서, 현대 도시인들에게 하나님 나라의 정체성을 부여하는 아름다운 소명의 장소가 되기를!

김선일 웨스트민스터신학대학원대학교 실천·선교신학 교수

코로나19 이후의 '뉴 노멀'에 대비하는 일이 교회와 그리스도인들에게도 중요해졌다. 특히 도시적 삶에 익숙한 현대인들이 비대면 사회 혹은 온라인 가상현실을 받아들여야 하는 만큼, 신앙 공동체 역시 변화된 상황에 적응하지 않을 수 없게 되었다. 이런 국면에서 도시적 삶에 대한 분석과 신학적 대응, 그리고 무엇보다 도시와 교회와 인간 사이에서 발생하는 다양하고 방대한 내용을 제시하는 김승환 박사의 이번 저서는 새로운 도전을 준비해야 하는 한국교회에 있어 매우 고맙고 의미 있는 자료가 될 것이다.

성석환 장로회신학대학교 교수, 도시공동체연구소장

'도시 신학'을 전개하는 김승환 박사의 '도시 신학적 상상력'은 급격한 도시화에 대한 영적 관심에서 기획된 수준 높은 책이다. 김 박사는 근대화와 도시화의 폭거에 절망적인 현대인들에게, 비인간화되어가는 도시를 다시 순례할 영적 공간으로 소환한다. 그는 도시의 '공시성'과 예전적 공동체의 '통시성'의 조화를 통하여 미

래의 교회 공동체가 나아가야 할 방향을 예언자적으로 제시한다. 공공신학의 책무를 다하는 제자도의 정치학을 통하여 교회가 앞장서서 건설하여야 할 "화해와 포용의 도시"는 이제 모두가 추구하여야 할 목표로 자리매김하게 된다. 정의와 환대의 공동체를 제안하는 '도시 신학적 상상력'을 통하여 한국 교회와 사회가 더 성숙한 "시민 공동체"로 변모하기를 간절히 소망한다.

유경동 감리교신학대학교 기독교윤리학 교수

더불어숲동산교회는 "공교회성과 공동체성과 공공성을 회복하는 선교적 교회"라는 비전을 품고 2010년 화성 봉담 땅에서 시작되었다. 여기서 "공동체성"은 삼위일체 하나님의 사랑의 사귐을 구현해야 하는 교회가 대조 사회, 대안 사회, 그리고 대항 사회의 역할을 해야 함을 말하고, "공공성"은 교회가 선포하는 복음이 공적 진리이기에 교회는 공적 영역에서 공공선을 실천하는 타자를 위한 공동체여야 함을 말하며, 이 두 가지는 균형 있게 상호 작용하면서 내용을 더욱 풍성하게 만들어 간다. 이것은 공간과 도시에도 그대로 적용된다. 내가 『페어 처치』(새물결플러스)에서 소개한 공공성 실천을 위한 여덟 가지 키워드 중 첫 번째는 "함께 짓는 공간"이었다. 앙리 르페브르의 "도시에 대한 권리"를 소개하면서 교회가 공간 주권을 회복하는 데 동참해야 하며, 교회도 공유 공간이 되어야 한다고 했다. 또한 『성자와 혁명가』(새물결플러스)의 마지막 장은 "헤테로토피아, 환대와 평등의 도시"였다. 교회 공간은 세속 도시 공간에 대한 이의 제기로 기능해야 하며, 속도와 효율성만 추구하는 세속 도시를 환대와 평등의 도시로 만드는 일에 참여해야 한다고 했다.

『도시를 어떻게 구원할 것인가?: 도시에 관한 신학적 성찰과 상상』을 읽으며 지금까지 추구했던 방향이 틀리지 않았다는 것을 확인할 수 있었다. 내가 보기에 급진정통주의는 "공동체성"을, 공공신학은 "공공성"을 강조하면서 도시에 대한 새로운 상상력을 우리에게 불어넣어 주고 있다. 이 책은 세속 도시의 한계를 정확히 지적하고 있으며 후기 세속 사회에서 교회가 어떤 도시적 비전을 제시해야 하는

지를 잘 정리해주고 있다. 에덴동산에서 새 예루살렘이라는 도시로 향하는 구원의 이야기를 간직한 교회는 순례의 공동체요 성만찬의 공동체이기에, 지역과 도시가 혼종성과 복합성, 관계성과 가치성, 개방성과 성스러움을 수용할 수 있도록 환대와 평등의 공동체, 정의와 평화의 공동체가 되고 공적 영역에서 공공선을 위해 참여해야 함을 역설한다. 나는 이 책을 신학생과 목회자의 필독서로 강력히 추천한다. 모쪼록 이 책을 읽고 예언자적 상상력으로 교회를 새롭게 하는 일에 매진하기를 바란다. 그래야만 한국교회가 새로워질 수 있기 때문이다. 도시 신학을 깊이 있고 알기 쉽게 소개해준 저자의 노고에 깊이 감사드린다.

이도영 더불어숲동산교회 담임목사, 『코로나19 이후 시대와 한국교회의 과제』 저자

우리는 '땅의 도시'(*civitas terrae*)에 무관심한 채 '하늘의 도시'(*civitas caeli*)만을 갈망해서는 안 된다. 몸을 멸시하고 영혼의 가치만을 희구하는 영지주의적인 오류에 빠질 것이기 때문이다. 그렇다고 해서 하늘의 도시에 무관심한 채 땅의 도시에만 집착해서도 안 된다. 이 경우 우리는 영혼의 가치를 멸시하고 육체의 가치만을 희구하는 물질만능주의의 나락으로 떨어질 것이기 때문이다. 몸과 영혼이 유기적으로 관계되어 연결되어 있는 것처럼 땅의 도시는 하늘의 도시와 유기적으로 관계되어 연결되어 있다. 요한계시록의 그림 언어, 즉 새 예루살렘이 하늘에서 땅으로 내려오는 것에 대한 비전(계 21:10)은 종국적으로 하늘의 도시는 땅의 도시로 내려와서 땅의 도시를 하늘의 도시로 '변모'(*transfiguratio*)시킬 것이라는 미래에 대한 전망을 우리에게 보여주고 있을 뿐만 아니라, 땅의 도시를 욕망과 투기의 대상으로만 파악하는 오늘날의 시대정신에 경종을 울리고 있다. 저자는 공공신학, 해방신학, 급진정통주의 그리고 아우구스티누스를 위시한 교부들의 도시에 관한 다양한 신학적 관점을 섭렵한 후, 능숙하고 시의적절하게 오늘날, 지금 여기에서 (*nunc et hinc*) 우리에게 절실하게 필요한 '도시 신학'을 전개하고 있다. 저자는 또한, 비록 교회가 땅에 속해 있는 공동체이지만 하늘의 가치, 즉 욕망과 투기, 차별과 혐오에 대항하여 공평과 정의, 연대와 환대를 구현하는 샬롬의 공동체가 되어

야 함을 역설하고 있다. 그렇다면 우리는 어떻게 이러한 교회 공동체를 구현해낼 것인가? 그리고 이러한 교회 공동체의 구성을 통해서 어떻게 우리가 살고 있는 땅의 도시를 새로운 샬롬의 도시로 재건축할 것인가? 이 책은 이러한 질문에 대하여 대단히 유익하고, 구체적이며 번뜩이는 통찰들을 제공해준다. 뜻이 하늘에서 이루어진 것처럼 땅에서도 이루어지기를 원하기에, 기쁜 마음으로 이 책을 독자들에게 추천하며 일독을 권한다.

이동영 서울성경신학대학원대학교 조직신학 교수

전환적 위기의 시대를 살아가는 21세기 초반 한국의 신앙인들에게 가장 우선적인 과제는 무엇일까? 오늘의 대한민국에서 신앙인다운 삶과 교회다운 교회됨은 무엇일까에 대한 질문이, 부동산에 대한 신앙적 관점과 태도, 도시 재개발에 대한 교회의 바람직한 관점과 역할, 지역 사회와 교회의 관계 등의 과제와 같은 맥락에 있는 것임을 인식하는 데 도움을 준다는 점에서 이 책은 가치와 의미가 있다.

신학을 전공하는 이들은 공공신학과 급진정통신학이라는 관점을 통하여 말씀과 교회/전통과 현실을 이어 보려고 애쓰는 현대신학의 분투에 초대받게 될 것이다. 또한 개인적 관점을 넘어 하나님 나라 중심으로 신앙을 살아내려 애쓰는 이들에게는 신앙인으로서의 지평 확대를 경험케 해줄 것이다. 무엇보다 하나님을 사랑하고, 그와 같이 네 이웃을 사랑하라는 말씀 실천의 구체적 영역인 '도시'에 대한 신앙적·선교적 비전과 도전의 과제를 받게 될 것이다. 이와 함께 이 책이 제시하는 비전과 도전을 통하여 우리는 오늘의 도시와 교회의 현실에 대하여 깊은 반성과 절절한 아픔을 더하게 될 것이다. 그러나 저자와 함께 우리도 '샬롬의 도시'를 상상하며, 아니 더욱 '열망하며', 그러한 도시를 이루어가는 신앙인들과 교회의 실천이라는 열매 맺기를 소망한다.

임성빈 장로회신학대학교 기독교와문화 교수

이 책은 성경적 땅의 신학이 개인적이고 탐욕적인 '부동산 신학'이 아니라 관계를 회복하고 덕을 추구하는 진정한 '도시 신학'으로 연결되도록 우리를 인도한다. 저자는 교회가 공공선의 추구에 동참(engagement)해야 한다는 공공신학의 접근과, 초월적 가치를 통해 도시에 도전하는 '도시 안의 도시'로서의 교회 정체성을 강조하는 급진정통 신학의 접점에서, 성만찬을 중심으로 하는 예전을 통한 정의·환대·평화 공동체로서의 교회를 이야기한다. 또한 이를 통하여 21세기 도시 환경 속에서 교회의 존재 이유와 선교적 방향을 뚜렷하게 제시하고 있다. 오늘날 이 땅에서 복음과 세상, 교회 공동체의 삼각적 상호 관계를 늘 의식하며 "미션얼 교회"(missional church)를 고민하는 모든 이에게 이 책을 강력하게 추천한다.

지성근 목사, 일상생활사역연구소·미션얼닷케이알 대표

도시에 관한 담론은 철저하게 인간의 본성에서 시작해야 하는 과제다. 오늘날 교회는 창조신학적인 관점에서 예수 그리스도를 통한 하나님의 구속적 경륜에 나타난 인간을 '살리며' 공간을 '창출하는' 정치·경제적인 차원을 직시해야 한다. 더 나아가 교회는 삼위일체 하나님에 의해 보냄 받은 시공간인 하나님의 창조세계를 공적 영역으로 인식하며 새로운 상상력을 동원하여 회복하고 갱신하는 새 창조를 목표해야 한다. 이 책은 인간성이 철저하게 말살되는 현대 도시의 공허한 "공간"(space)을 하나님 백성들의 기억을 끌어냄으로써 공적 창조가 이루어지는 "장소"(place)로 재생하려는 시도들을 다양한 각도에서 피력한다. 또한 이 책은 하나님의 선교 현장인 도시에 관한 신학적 함의들을 제시할 뿐 아니라, 대안 문화적이며 대조 사회적인 도시 재생과 공동체 형성에 관한 총체적이고 실천적인 담론들을 폭넓게 다루고 있다. 따라서 이 책은 세속적 욕망으로 점철된 소비주의와 해체적 개인주의에 함몰되어 폐허로 변해가는 도시에서 새 창조를 향한 순례의 여정을 하며 타자에 대한 환대의 공동체와 하나님의 공의가 구현되기를 고대하는 이들이 탐독해야 할 필독서다.

최형근 서울신학대학교 선교학 교수

도시를 어떻게 구원할 것인가?

도시에 관한 신학적 성찰과 상상

도시를 어떻게 구원할 것인가?

김승환 지음

새물결플러스

차례

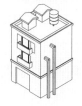

서문

도시 신학의 흐름

서울을 생각해보라. 높은 건물과 수많은 자동차, 오고 가는 바쁜 시민들의 일상은 마치 현대 도시가 잘 짜인 각본처럼 움직인다는 인상을 준다. 누가 사람들을 도시로 모이게 하고 그들을 도시적으로(urbanism) 훈련하였으며 도시가 자연스럽게 작동하도록 했을까? 무엇이 더 나은 삶을 향한 인간의 욕망을 길들이고, 실현 가능한 꿈을 향하여 공동체를 이끌어가게 했을까? 도시라는 거대한 유기체는 먹고 먹히는 생태계처럼 서로를 향한 욕망이 뒤엉켜 생성과 소멸을 반복하는 생명체와 같다.

신학이 인간의 삶의 자리(공간)에 대한 초월적 관점을 가지고 성서를 해석하고 기독교 전통에 따른 신학적 논의를 하며 동시대적 실천을 제안하는 것이라면, 도시에 관한 신학적 연구는 당연한 과제다. '도시 신학'(urban theology)은 20세기 말부터 영미권에서 하나의 신학 분야로 연구되어왔다. 도시 안에서의 다양한 교회 활동을 논의하는 '도시 선교'(urban mission), '도시 목회'(urban ministry), '지역 신학'(local theology)이라는 각각의 개념으로 다루어지던 것이, 최근 '도시 신학'으로 체계화되었다. 1980년대 전후로 영국에서는 산업화 이후 쇠락하는 도시의 재생(regeneration)과 변혁(transformation)에 대한 사회적 공감대가 형성되었고, 사회적 차원에서 도시 공간을 분석하고 정책을 제안하려는 움직임들이 있었다. 여기에 교회가 동참하면서 도시 신학이 발전하게 된 것이다. 영국교회는 공공신학을 바탕으로 학제간 연구에 참여하고 다양한 관점에서 도시 문제를 비판하였으며 신학적 해석과 교회의 실천에 관해 고민하였다. 낮은 자의 시선으로 황폐해진 구심(inner city) 지역을 들여다보면서 시민에게 물적 지원과 함께 정서적 안정을 제공할 방안을 성찰하였다.

영국과 다르게 미국은 선교와 목회의 차원에서, 도시의 다인종적·다문화적 상황에 맞는 복음 전도에 집중해왔다. 미국에서는 도시의 죄성(sinfulness)을 지적하고 세속 도시의 타락을 비판하며 하나님 나라의 관점에서 회개와 변화를 주장하였다. 최근에 '선교적 교회 운동'(missional church movement)[1]의 일환으로 교회의 공적 역할에 관한 논의가 일어나고

---

1   20세기 후반부터 등장한 '선교적 교회 운동'은 교회론에 대한 고민으로서, 교회와 선교를 분리하여 생각해오던 방식을 뒤집어 교회 그 자체가 하나님의 선교 방식임을 자각하는 데서 출발한다. 삼위일체 하나님은 선교하시는 하나님이며, 하나님의 통치와 하나님의 선교(Missio Dei)가 분리된 것이 아니라 본래적으로 일치된 것임을 재확인한다. 교회는 하나님의 계속적 창조와 구속적 선교에 참여한다. 영국의 '선교적 교회 운동'은 Lesslie Newbigin과 "복음과 우리 문화"(GOC) 프로그램의 영향을 크게 받았다. 인도에서 오랫동안 선교사로 있던 Newbigin은 영국으로 돌아와서 복음이 근대화된 서구 문화와 어떻게 만나고 있는가를 고민하다가, "복음과 우리 문화" 프로그램을 시작한다. 이 운동은 북미권으로 넘어가 네트워크를 이루면서 하나의 운동으로

있는데, 여기서도 두 나라는 미묘한 온도차를 보인다.

　2006년 7월, 김승호 교수는 「목회와 신학」에 "현대 도시 신학의 전개"라는 글을 실었다. 그는 영국의 교회와 도시 신학이 산업도시의 쇠퇴 이후 도시 재생과 빈민 구제 같은 이슈에 어떻게 응답해왔는지를 짧게 소개했다. 1985년 영국 성공회 대주교 산하 도시 우선지역 위원회 (the Archbishop of Canterbury's Commission on Urban Priority Areas)에서 발간한 *Faith in the City* 보고서를 기점으로, 영국의 교회와 도시 신학은 도시의 낙후된 구심에 위치한 우선지역의 현황을 분석하고 교회적·신학적·정책적 응답이 필요하다고 주장하기 시작했다.[2] 그 후 도시 연구에 관한 다양한 사역 기구가 창설되고 프로그램이 실행되면서, 영국 도시 신학은 해방신학을 기반으로 도심 사역과 빈민 사역에 큰 관심을 두게 된다. *Faith in the City* 보고서는 신학적 성찰이 약하다는 비판을 받기도 하지

──────

발전한다. "복음과 우리 문화 네트워크"(GOCN)의 선교학적 교회론을 세우는 일에 3년간 참여한 Justo L. González, Douglas John Hall, Stanley Hauerwas, John Howard Yoder는 선교학적 교회론 형성에 중요한 통찰을 제공했다. Hauerwas와 Yoder의 참여로 재세례파의 대안 공동체적 특징이 교회론에 가미되면서 북미권의 선교학적 교회론은 문화적 해석에 있어 교회 공동체 중심적인 모습을 띠게 되었다. 물론 Michael Goheen은 이 부분이 본래의 선교적 교회와 방향이 다르다고 비판하기는 한다. 또한 최근 영국교회의 '새로운 표현 운동'(the Fresh Expressions movement)이 '선교형 교회'(mission-shaped church)로 확장하는 것과는 조금 다른 행보라 볼 수 있다. Craig Van Gelder, Dwight J. Zscheile, *The Missional Church in Perspective: Mapping Trends and Shaping the Conversation*, 최동규 역, 『선교적 교회론의 동향과 발전』(서울: CLC, 2015).

2　　김승호, "현대 도시 신학의 전개", 「목회와 신학」(서울: 두란노, 2006).

도시를 어떻게 구원할 것인가?

만 공공신학적 관점에서 본다면 상당한 역작이라고 할 수 있으며, 영국 도시 신학의 출발점이자 기준점이라고 평가할 만하다.

1985년에 *Faith in the City* 보고서가 발간된 후 90년대에 영국 도시 신학은 전성기를 맞이하게 된다. 특히 성공회 대주교 위원회(Archbishop's Commission)는 도시의 상황에 대한 신학적 성찰과 지역에 관련된 경험이나 이야기를 바탕으로 하여 *Living Faith in the City*와 *God in the City*[3]를 발간했으며, 그 외에도 여러 신학자가 도시를 주제로 다양한 연구물을 쏟아냈다.[4] 또한 셰필드에 위치한 도시 신학 연구소(Urban Theology Unit)와 윌리엄 템플 재단(William Temple Foundation)은 도시 연구에 상당한 역할을 해왔다. 90년대의 영국 신학은 다양한 지역에서 발생하는 문제들, 즉 슬럼화를 비롯한 주거 문제, 실업률, 이민자 증가 문제 등을 고민하면서 '편안한 영국'(comfortable Britain)의 삶을 위해 기독교적 실천과 예배가 어떤 역할을 할 수 있는지를 연구한다. *Faith in the City* 보고서가 발간된 지 20년 만인 2006년에는 *Faithful Cities* 보고서가 출판된다. 이

---

3   P. H. Sedgwick ed., Archbishop of Canterbury's Urban Theology Group, *God in the City* (London: Mowbray, 1995).

4   1990년에 Laurie Green은 *Let's Do Theology*를 통해 상황 신학의 중요성을 강조했다. 1998년 Andrew Davey는 해방신학의 관점에서 한 도시를 연구한 "Liberation Theology in Peckham"을 내놓았고 Eric Blakebrough는 1995년에 *Church for the City*를 편집했다. 1997년 영국 감리교회에서는 *Faith in the City*와 비슷한 연구물인 *The Cities: A Methodist Report*를 펴냈으며, 1989년 Anthony Harvey는 *Theology in the City*를 편집했다.

역시 공공신학적 관점에서, 변화하는 도시의 상황과 후기 세속화(post-secularization) 및 다원화 물결 속 종교의 공적 역할을 고찰한 보고서다. 성공회 산하의 도시 우선지역 위원회에서 신학적 연구와 도시 정책 제안을 꾸준히 해온 것은, 교회가 시민 사회의 한 공적 구성원으로서 도시 문제를 해석하고 참여적 대안을 제시해나간 과정이라고 볼 수 있다. 이 보고서에서는 도시 공동체의 회복과 개개인의 정체성 형성, 삶의 의미 발견, 이민자의 정착과 건강한 연대를 위해 종교의 역할이 중요함을 역설한다.

영국 도시 신학은 상황적 요소가 강하다. 기독교의 전통과 교리에서 출발한 것이 아니라 신학의 현장인 시민들의 삶의 자리에서 출발했기 때문이다. 아래로부터 출발한 도시 신학은 원래 해방신학의 흐름을 따랐으나, 2000년대 들어서는 다원화된 도시의 상황을 고려하고 더 나은 사회를 이루기 위한 참여의 방법을 고민하면서 공공신학으로 선회하고 있다.

최근 영국 도시 신학을 이끄는 학자는 체스터 대학교(University of Chester)의 일레인 그레이엄(Elaine Graham) 교수, 골드스미스 대학교(Goldsmiths, University of London)의 크리스 베이커(Christopher Baker) 교수, 코벤트리 대학교(Coventry University)의 크리스 섄너핸(Chris Shannahan) 교수 등이다. 흥미롭게도 이들은 모두 맨체스터 대학교(Manchester University) 출신이다. 실천신학 국제 학술지 공동 편집자와 공공신학 국제 학술지 자문 위원을 맡고 있는 일레인 그레이엄은 *What Makes a*

*Good City?*에서 공공신학과 도시 교회의 관계를 고찰한다. 그는 도시 교회가 '지역을 변화시키고 비전을 구체화하며 정의를 실천하라'는 과제를 부여받았다면서, 하나님 나라의 관점에서 좋은 도시를 건설하자고 제안한다.[5] 크리스 베이커는 최근 영국 도시의 다양성에 주목하면서 새로운 도시의 유형을 '혼종성'(hybridity)으로 규정한다. 그에 따르면 혼종적 도시는 유동적인 액체 도시(liquid city)로서 각각의 독특성을 유지한 다양한 관계들이 도시의 풍경을 새롭게 형성하고 있으며, 교회 역시 이러한 흐름에 함께하고 있다.[6] 베이커는 로리 그린(Laurie Green)과 공동으로 쓴 *Building Utopia?*에서 도시 교회가 신도시 지역에 새로운 공동체를 형성하는 데 긍정적인 역할을 할 수 있다고 평가하기도 한다.[7] 그는 또한 네덜란드 흐로닝언 대학교(University of Groningen)의 저스틴 보몬트(Justin Beaumont)와 함께 "후기 세속 도시"(postsecular city)라는 새로운 도시 유형을 제안하면서, 도시 속 종교의 다양한 풍경과 특징을 포착하는 데 성공한다.[8] 크리스 샌너핸은 도시 교회가 21세기 도시의 다양한 변화 속에서 새로운 도시 공간에 관해 어떤 새로운 상상을 펼치면서 정체성 변화를

---

5   Elaine Graham, Stephen Lowe, *What Makes a Good City?* (London: Darton, Longman and Todd, 2009).

6   Christopher Baker, *The Hybrid Church in the City* (Farnham, UK: Ashgate, 2007).

7   Laurie Green, Christopher Baker eds., *Building Utopia?* (London: SPCK, 2008).

8   Christopher Baker, Justin Beaumont eds., *Postsecular Cities* (London: Continuum, 2011).

꾀할 수 있을지를 고민하였다. 신앙 공동체를 조직하는 것이 도시민들의 거주와 삶에 강한 영향력을 미칠 수 있다고 주장한 그는, 도시의 빈민을 위한 무료 급식소에서 봉사하며, 지역 사회의 건강성을 위한 신앙 단체의 운동에 관해 연구하고 있다.[9]

한편 도시를 바라보는 또 다른 관점이 있다. 공공신학적 논의가 사회 정의와 평화를 추구하는 입장에서 더 나은 도시의 건설과 도시의 변혁에 대한 참여를 추구한다면, 그와 달리 도시를 영적이고 공동체적인 입장에서 접근하려는 시도가 있다. 이는 영국 케임브리지(Cambridge)에서 출발한 급진정통주의(Radical Orthodoxy)로서 존 밀뱅크(John Milbank), 캐서린 픽스톡(Catherine Pickstock), 그레이엄 워드(Graham Ward)가 이끄는 운동이다. 이들은 기독교가 세속화된 사회에 어떻게 응답해야 하느냐는 문제에 있어, 근대화 이전의 기독교 전통에서 그 해답을 찾는다. 그들은 근대의 이원론이 아닌 기독교의 일원론적 입장을 취하며 근대 이전의 기독교 전통으로 거슬러 올라간다. 즉 초기 교부와 아우구스티누스(Augustinus), 토마스 아퀴나스(Thomas Aquinas)로부터 가톨릭의 신신학(new theology)까지 이어지는, 신적 초월성과 성육신·성만찬과 같은 신성에 대한 참여를 강조하는 참여적 존재론의 흐름을 붙잡는 것이다. 급진정통주의는 도시를 바라보는 관점도 다르다. 공론의 장 안에서의 대화와 참여를 강조하기보다, 도시를 죄성으로 가득한 세속화된 문화로 바라보

---

9   Chris Shannahan, *A Theology of Community Organizing* (London: Routledge, 2018).

며 도시의 거룩함을 회복해야 한다고 본다. 급진정통주의 흐름에서도 특히 그레이엄 워드와 윌리엄 캐버너(William T. Cavanaugh)가 도시 문제에 관심을 두는 학자들이다.

그레이엄 워드는 *Cities of God*에서 아우구스티누스의 '두 도시' 모티프, 즉 '신의 도성'과 '세속의 도성' 개념을 차용한다. 그는 세속 도시를 욕망의 공동체로 보며, 그 욕망은 죄와 세속 문화로 인해 왜곡된 것이라서 올바른 것을 향한 거룩한 욕망으로 변화해야 한다고 주장한다. 반대로 하늘의 도시인 신의 도성은 하나님을 사랑하고 경배하는 도시이자 구속받은 공동체로서 교회를 가리킨다.[10] 그는 *The Politics of Discipleship*에서 교회는 초월적 공간이며 근대의 세속화된 도시가 잃어버린 영적인 부분을 보완하고 파편화된 개인들을 연결할 수 있는 장이라고 주장한다. 교회는 하나님과 인간이 만나는 장인 동시에 초월과 내재가 연결되는 영역으로서 '새 예루살렘'이라는 종말론적 도시의 비전을 선포하고 선취하는 곳이다.[11] 급진정통주의의 입장에서 교회는 대안적인 도시이자 하나의 정치체로, 근대 국가와 도시가 제공하려 했던 인간의 행복과 복지 등의 이상이 허구임을 지적하고 성만찬을 비롯한 성례를 통해 사랑에 기초한 참된 공동체를 완성하는 곳이다. 물론 이러한 입장이 중

---

10   Graham Ward, *Cities of God* (London ; New York : Routledge, 2000).

11   Graham Ward, *The Politics of Discipleship: Becoming Postmaterial Citizens* (Grand Rapids, MI : Baker Academic, 2009).

세 기독교와 같은 교회 중심주의라는 비판도 가능하다. 그러나 급진정
통주의는 합리적 이성을 바탕으로 개인의 자유를 극대화하는 세속 사
회에 대한 대안을 제시하려는 것이지, 크리스텐덤(Christendom)적인 교
회의 회복을 꿈꾸는 것은 아니다. 이러한 맥락에서 제임스 스미스(James
K. A. Smith)도 자본주의로 타락한 도시민의 왜곡된 욕망을 예배와 성만
찬을 통해 회복할 것을 제안한다. 참된 도시 공동체는 그리스도의 몸으
로서 서로 연결된 진정한 관계성이 자리한 곳이며, 인간적 특징을 넘어
신적 초월성이 가미된 화해와 연대가 있는 곳이다.[12] 윌리엄 캐버너는
*Migrations of the Holy*에서 국가가 구원과 신성함을 제공하던 종교의 역
할을 대체하며 스스로를 신의 경지로 끌어올리고 있다고 비판한다. 그는
오늘날의 파편화된 사회에서 성만찬이 나타내는 '그리스도의 몸의 연
합'을 모티프로 삼으면서 참된 공동체의 가능성을 교회에서 찾고 있다.[13]
나아가서 국가의 신성화된 미신적 요소를 폭로함과 동시에, 시민 사회가
제시하는 자유가 진정한 인간으로서의 참된 자유가 아니라고 주장한다.
또한 자본주의에 물든 세계화가 지구 공동체를 이끌어가는 것이 아닌,
그리스도 안에 참여하는 성례를 통한 보편성 획득이 진정한 세계화라고

---

12   James K. A. Smith, *Introducing Radical Orthodoxy*, 한상화 역, 『급진 정통주의 신학』
      (서울: CLC, 2011).

13   William T. Cavanaugh, *Field Hospital: The Church's Engagement with a Wounded
      World* (Grand Rapids, MI: William B. Eerdmans, 2016).

도시를 어떻게 구원할 것인가?

주장한다.[14]

공공신학과 급진정통주의가 도시를 다루는 방식은 정반대다. 한쪽은 공론장에서의 참여와 대화를, 다른 한쪽은 신실한 존재됨과 대안 공동체 형성을 제안한다. 본 연구는 둘의 대비되는 지점을 서술하면서, 상호보완적인 입장에서 통전적 도시 신학을 제안하려 한다.

앞에서 언급했듯이 미국에서는 영국과 달리 도시 문제를 목회와 선교로 접근했다. 1985년 로버트 슈라이터(Robert J. Schreiter)는 *Constructing Local Theologies*에서 "지역 신학"이라는 개념을 제시한다. 그는 지역 신학이 영미권의 지역적 상황을 성찰하고 지역 교회를 통해 공동체의 의미를 찾아가는 것에 집중하는 신학이라면서, 그 모델을 크게 세 가지로 나눈다. 첫째로 해석 모델(translation model)은 성서의 가르침과 교회의 전통을 지역 문화와 상황에 맞게 해석하여 적용하는 것이다. 둘째로 적응 모델(adaptation model)은 일방향적인 해석 모델의 한계를 극복하고 기독교와 문화의 근본적 만남을 위하여 세계관과 지역 문제들을 다룬다. 이 모델에서는 지역 교회 리더들이 구체적인 상황을 다루므로 진정성 있는 작업이 가능하며, 상황에 맞는 신학적 해석과 교회의 실천을 동시에 전개할 수 있다. 셋째로 상황 모델(contextual model)은 교회의 전통에서 출발하지 않고 구체적 삶의 자리인 문화적 상황에 대한 성찰에서 출발하

---

14   William T. Cavanaugh, *Theopolitical Imagination* (London: T&T Clark, 2002).

여 교회 안으로 들어오는 모델이다.[15] 각 유형마다 장단점이 있으나 도시 지역을 신학적·실천적 대상으로 삼고 고민하며 논의를 시도했다는 점에서 큰 의의가 있다.

팀 켈러(Timothy Keller)의 리디머 교회(Redeemer Presbyterian Church)와 『센터처치』는 미국 복음주의권에서의 도시 사역 성공 사례를 보여준다. 켈러는 성서에 등장하는 도시의 모습을 기초로 하여 도시는 복음으로써 구속되어야 하는 곳이라고 봤으며, 문화 명령에 따라 하나님을 영화롭게 하는 도시, 하나님이 창조하신 그대로의 경이로움과 풍성함을 잘 관리하는 도시가 되어야 한다고 했다.[16] 그리스도인은 도시 안에서 역동적 대항문화를 세워야 하고 도시 전체에 유익을 주는 헌신된 공동체를 만들어야 한다. 샬롬(שלום)의 관점에서 도시의 번영을 기원하며 공공선(common good)에 헌신해야 한다. 켈러는 도시 교회 사역에 필요한 것 일곱 가지를 꼽았는데, 첫째, 도시의 감수성을 존중하고, 둘째, 문화적 차이에 민감하고, 셋째, 이웃과 정의에 헌신하며, 넷째, 신앙과 직업을 통합하고, 다섯째, 전도에 복합적으로 접근하고, 여섯째, 도시인들에게 매력적이고 도전적인 설교를 하며, 마지막으로 예술과 창조성을 중시해야 한다고 했다.[17] 또한 레슬리 뉴비긴(Lesslie Newbigin)과 데이비드 보쉬(David

---

15   Robert J. Schreiter, *Constructing Local Theologies* (London: SCM, 1985), 6-15.

16   Timothy Keller, *Center Church*, 오종향 역, 『센터처치』(서울: 두란노, 2016), 321-324.

17   위의 책, 366.

도시를 어떻게 구원할 것인가?

Bosch)의 논의에 따라, 교회는 선교적 공동체이며 성육신적 참여로서 지역 사회에 귀 기울이고 공공의 이익을 추구하되 반문화적이야 한다고 주장한다.[18] 켈러의 도시 사역론은 복음에 기초한 선교적 교회론에 따라 세속화된 도시 안에서 대안 문화, 대안 공동체를 형성하되 따로 분리되지 않고 도시 속에서 변혁할 수 있는 실천안을 제시한다. 그러나 도시를 선악의 대결 구도로 보는 이분법적 접근은 도시의 일반적인 영역 안에서 일하시는 하나님의 창조 활동의 선함에 대한 인식을 약화시킬 우려가 있고 교회 중심성을 강화하는 방향으로 전개될 우려도 있다. 또한 공공신학과 같은 제도적·정책적 접근은 이루어지지 못한다는 한계가 있다.

2016년부터 발행된 *International Journal of Urban Transformation* (IJUT)의 연구물들과, 이 학술지를 발행하는 Urban Loft Publishers에서 나온 책들도 주목할 만하다. 도시 선교학자, 실천가, 목회자들이 중심이 되어 학제간 연구와 현장 실천 중심적인 책들을 출판하면서 도시 개척, 구심 지역 목회, 이민자 문제와 다음 세대 사역까지 다양한 영역에 관해 고민하고 있다.[19] 최근작들부터 살펴보면 *City Shaped Churches: Planting Churches in a Global Era*(2018)에서는 글로벌 시대에 도시 교회 개척을 어떻게 할 것인가를 다뤘고, *The Soul of the City: Mapping the Spiritual*

---

18   위의 책, 568.

19   http://www.urbanloftpublishers.com/IJUT를 참조하라.

Geography of Eleven Canadian Cities(2018)와 *Urban Spirituality*(2018)에서는 각 도시 공간의 정체성과 영적 특징을 분석하면서 도시 사역에 어떻게 참여할지를 고민한다. 도시 교회 개척과 사역을 위하여 도시를 어떻게 해석할지 고민하는 *Exegeting the City*(2015), 도시 선교가 도시의 평화를 지향해야 함을 주장하는 *Seeking Urban Shalom*(2014), 도시의 진정한 번영을 샬롬의 개념에서 찾고자 한 *Urban Shalom and the Cities We Need*(2017), 도시계획에 있어 교회의 역할을 고민하는 *Blueprints for a Just City*(2015) 등도 있다. 이러한 연구들도 도시 목회와 도시 선교 차원에서는 강점이 있겠으나 교회 사역에 한정된 경우가 많아 교회를 공적 기관으로 인식하기에는 한계가 있다.

그 외에도 도시에 관한 다양한 신학 분과의 연구물이 있는데 분야별로 정리해보면 크게 성서학과 선교학으로 나눌 수 있으며, 나아가 공간에 관한 연구로 범위를 확장한다면 영성 신학과 조직신학과도 연결된다.

성서학에서 도시를 주제로 연구한 경우가 제법 있다. 로버트 린티컴 (Robert C. Linthicum)은 *City of God, City of Satan*에서 도시는 하나님의 창조의 결과지만 인간의 죄와 구조적 악에 의해 오염되었고 세상 권력자들의 지배로 사악한 원리가 작동한다고 보았다. 그에 따르면 도시 교회는 영적 싸움을 통해 새로운 도시의 비전을 구현할 사명이 있다.[20] 자크

20   Robert C. Linthicum, *City of God, City of Satan* (Grand Rapids, MI: Zondervan

엘륄(Jacques Ellul)은 『대도시의 성서적 의미: 머리 둘 곳 없던 예수』에서 도시를 부정적 이미지로 묘사한다. 동생 아벨을 죽이고 도망한 가인이 만든 에녹성은 죄의 결과이자 하나님으로부터 멀어진 인간의 보호처이기 때문이다. 그 후 성서에서 도시는 바벨탑, 소돔, 니느웨 사건에서 볼 수 있듯 하나님의 심판과 반역의 중심지로 묘사된다. 이처럼 타락한 도시는 구속의 대상이었기에, 도시의 치료자로서 예수의 사역이 신약성경에 나타나게 된다. 그리고 요한계시록에 마침내 등장하는 새로운 도시 예루살렘은 하나님의 의도가 완벽히 드러난 참된 도시이자 하나님의 통치와 임재의 현장이다.[21] 린티컴과 엘륄은 도시를 부정적인 곳으로 설명했다. 즉, 죄악된 곳이자 사탄의 지배 아래 있는 곳으로서 온전히 회복되어야 할 하나님의 나라로 서술했다.

이와 비슷하게 마크 고닉(Mark R. Gornik)은 도심의 쇠퇴와 재생 문제를 성서의 에덴동산과 새 예루살렘 모티프로 풀어간다. 하나님의 본래적 창조 의도와 거주 환경에 대한 성서적 고찰을 통해 오롯이 경제에 집중하는 현대 도시의 관점으로부터 한 발짝 물러서게 한다. 또한 공동체적이고 관계적인 교회의 장점을 활용하여 시민 사회 재건과 풀뿌리 운동을 제안할 수 있다고 주장한다. 고닉은 성서에서 느헤미야의 사역을

Publishing House, 1991).

21   Jacques Ellul, *Sans feu ni lieu*, 황종대 역, 『대도시의 성서적 의미: 머리 둘 곳 없던 예수』(대전: 대장간, 2013).

무너진 성(도시) 재건의 좋은 사례로 보았으며, 사회 정의와 사회적 약자에 대한 관심을 선한 사마리아인의 일화처럼 접근할 것을 제안하기도한다. 나아가서 도시의 새로운 비전에 대한 통찰 역시 새 시대와 새 나라를 향한 하나님의 약속을 통해 얻을 수 있다고 본다.[22] 성서로부터 도시의 영적 특징들을 도출하고 새 예루살렘을 새로운 도시의 모델로 제시하는 것이 성서학의 장점이다. 그러나 그러한 비전을 추구하는 과정은 현실성이 떨어지는 측면이 있고 모든 도시를 죄악시하면서 세속 사회를 부정할 가능성이 남게 된다.

도시라는 주제 외에 장소와 공간을 신학적으로 다룬 대표적인 학자로는 티모시 고린지(Timothy J. Gorringe)와 지구르트 베르크만(Sigurd Bergmann), 존 인지(John Inge)가 있다. 영국 엑서터 대학교(University of Exeter)의 티모시 고린지 교수는 *A Theology of the Built Environment*에서 인간의 거주 환경과 신학을 연결하면서 도시와 땅의 의미를 고찰한다. 그에 따르면 건조 환경 신학(theology of the built environment)은 인간의 풍성한 삶과 환경에 관해 신학적으로 연구하고 제언하는 학문이다. 그는 또한 기독교 전통 안에서 초기 교부의 신학과 수도원, 성당 등의 건조 환경(built environment)이 어떠한 상징적·신학적 의미를 제공했는지를 살핀다. 건조 환경은 세속성으로 가득한 도시에서 하나님의 은혜이자 선물로서 인간에게 참된 해방과 자유를 제공해야 하는데, 고린지는 그러

---

22   Mark R. Gornik, *To Live in Peace* (Grand Rapids, MI: William B. Eerdmans, 2002).

한 건조 환경을 교회 공동체 안에서 찾으려 했다.[23] 한편 노르웨이에서 신학을 가르치는 지구르트 베르크만 교수는 종교와 장소의 관계성을 오랫동안 연구했다. 그는 *Religion, Space and the Environment*에서 유럽·아시아·남미 도시들을 예로 들어 장소의 초월성과 영성이 도시 형성과 시민의 삶에 미친 영향을 설명한다. 베르크만은 도시와 건조 환경의 중심에 하나님의 창조와 공간성을 둬야 한다고 보았고, 특히 공간의 구속과 정의 실천에 있어 생동하는 성령의 능력을 강조한다.[24] 존 인지는 *A Christian Theology of Place*를 통해 기독교 전통이 장소와 공간을 어떻게 이해해왔는지 고찰하면서, 거룩한 공간과 그 공간을 향한 순례의 전통에 관해 고민한다. 그는 현대 사회에서 '장소'를 잃어버린 시민들이 정체성 혼란에 시달리며 뿌리가 없는 탈인간화된 삶을 살고 있다고 비판하면서, 신성하고 소속감을 주는 '궁극적인 장소'의 개념을 제시한다.[25]

　　도시를 신학적으로 접근하는 대표적인 국내 학자는 성석환이다. 그는 "도시공동체연구소"를 설립하고 선교적 교회 운동을 하면서 그와 병행하여 도시 문제를 다루고 있다. 『지역 공동체를 세우는 문화선교』에서

23　　Timothy J. Gorringe, *A Theology of the Built Environment* (New York: Cambridge University Press, 2002).

24　　Sigurd Bergmann, *Religion, Space and the Environment* (New Brunswick, NJ: Transaction, 2014).

25　　John Inge, *A Christian Theology of Place* (Aldershot, Hampshire, UK; Burlington, VT: Ashgate, 2003).

는 도시 선교의 새로운 방향으로서 문화 사역을 제안하고 있으며, 변혁적 문화관을 통해 지역 사회에 새로운 비전을 제시하고 공동체를 새롭게 할 상상력을 불어넣는 교회의 모습을 설명한다.[26] 『지역 공동체와 함께하는 교회의 새로운 도전들』에서는 한국적인 선교적 교회론의 입장에서 도시 사역을 제안한다. 또한 후기 세속 사회에서 종교가 띠는 중요성을 인정하면서 공공신학의 관점에서 지역 공동체의 건설과 문화 복지를 제안한다.[27] 성석환의 연구는 국내 도시 신학에 큰 방향성을 제시한다는 점에서 의미가 크다.

기독교는 도시를 중심으로 성장해왔다. 바울은 도시를 거점으로 복음 전파와 선교 사역을 이어갔고, 로마 제국에서 공인된 후의 교회도 도시를 중심으로 빠른 성장을 이뤄냈다. 중세의 수도원은 이상적인 도시 공동체의 모델로서 도시설계가들에게 통찰을 제공했으며 기독교의 가치와 현실이 어떻게 조화를 이룰 수 있는지 잘 보여준다. 근대에 들어서는 세속화로 인해 종교가 사적 영역으로 물러난 듯 보였지만, 최근의 후기 세속화 논의에서는 사회를 통합하고 사회적 에토스를 제공하는 공적 역할을 종교에 요청하고 있다. 교회는 생명, 평화, 화해를 통한 도시설계와 운영을 제안할 뿐 아니라, 그러한 사회 공동체를 구체적으로 보여주

---

26 성석환, 『지역 공동체를 세우는 문화선교』(서울: 두란노아카데미, 2011).
27 성석환, 『지역공동체와 함께 하는 교회의 새로운 도전들』(서울: 총회한국교회연구원, 2018).

도시를 어떻게 구원할 것인가?

는 대안적인 모습도 갖추어야 한다. 도시는 세속적 욕망의 공동체가 될수도 있고 초월적 하나님 나라의 모형이 될 수도 있다. 따라서 교회는 시민들의 왜곡된 열망과 욕망을 정화하면서 하나님 나라의 이상을 담은 도시상을 제시하고 그런 도시로 만들어가야 할 것이다. 도시의 세속적 가치를 벗겨내고 일상 속에서 정의와 평화를 실천하며 초월성과 관계성을 회복하는 것이 도시 교회의 사명이다.

필자는 공공신학과 급진정통주의라는 두 입장을 중심으로 도시 신학에 관한 이 글을 전개할 것이다. 공공신학의 관점은 *Faith in the City*와 *Faithful Cities* 보고서가 중심이 될 것이다. 산업화 이후 도심 지역이 낙후하고 쇠퇴해가는 과정을 살펴보면서 지역 교회가 도시 재생에 참여할수 있는 방안을 고민할 것이며, 특히 정부의 파트너로서 어떤 역할을 해야 하는지 고찰하고자 한다. 특히 2000년대 이후 달라지는 도시 상황에서 교회에 요청되는 새로운 역할이 있다. 이민자가 증가하고 도시민의 삶이 개인화되는 가운데 종교는 공동체성을 형성하고 도덕적 가치와 비전을 심어주는 등 사회적 에토스 형성에 상당한 역할을 하도록 요구받고 있다. 이와는 다르게 급진정통주의 측에서는 세속 도시의 한계를 극복할 수 있는, 기독교 전통에 따른 독특한 참여를 제안한다. 기독교 성례전(聖禮典)은 물질적 사고에 사로잡힌 왜곡된 욕망을 바로잡을 방법으로서 새로운 전환을 이룰 수 있다. 인간은 합리적 동물이 아닌 예배하는 존재로서 하나님 사랑이라는 올바른 방향으로 나아갈 때 세속적 욕망을 깨뜨릴 수 있다. 특별히 순례, 축제, 성만찬은 기계적으로 설계된 도시에 생명력을 불어넣을 참여적 실천 방식으로 신선한 통찰을 불러일으킬 것이다.

한국 사회는 오래전부터 부동산 열풍으로 몸살을 앓고 있다. 부동산 투기 세력은 강남과 비강남, 서울과 수도권의 이곳저곳을 들쑤시고 있다. 세속화된 도시 공간은 자본의 노예가 된 탐욕스러운 인간들을 양산해낼 뿐이다. 근대화된 도시는 인류에게 경제적 풍요를 안겨준 동시에 상당한 폐해를 남겼다. 도시 공간의 불평등한 성장과 개발에 따른 이익은 소수의 지주에게로 돌아갔으며 도심 지역은 환경 오염을 비롯한 사회 안전망의 사각지대로 전락하면서 시민들의 삶이 피폐해져갔다. 새로운 도시를 구상하려는 몇몇 시도가 있었으나 인간이 합리적 동물이라는 전제하에 이상적인 공동체를 설계하였고, 그러한 도시 건설은 새로운 대안이 되지 못했다.

도시의 급격한 성장과 쇠퇴 속에서 종교는 어떤 역할을 할 수 있을까? 후기 세속 도시 연구는, 도시 안에서 새로운 가능성을 보이는 영역으로서 도시의 풍경을 바꾸고 구성원에게 정체성과 소속감을 제공하는 등 근대 도시가 하지 못했던 새로운 공적 역할을 종교가 해낼 수 있음을 보여줄 것이다. 또한 다원화된 사회에서 공동체의 연대를 촉진하고 새로운 사회의 비전을 제시하는 공적 역할도 할 수 있음을 밝힐 것이다. 부디 이 연구가 한국 도시에 새로운 희망과 상상력을 불러일으킬 토대가 되길 바란다.

1장

도시의
동아리 찾기

도시는 영적·종교적 공간이고 도시화는 하나의 종교적 현상이다. 마을이 형성되고 사회 체계가 완성되는 과정에서 종교는 언제나 중심적인 역할을 해왔다. 이집트나 메소포타미아 문명의 고대 도시들은 말할 것도 없고, 중남미·유럽·아시아의 여러 도시도 종교를 통해 형성되어왔다. 지구르트 베르크만은 북유럽의 하산, 남미의 잉카, 아시아의 서울의 중심부를 비교하면서 도시의 성장과 발전의 중심부에 공통적으로 종교적·영적·초월적 공간이 자리했다는 사실과, 그러한 공간이 도시의 정체성을 형성하고 사람들의 정서적 동질화를 이루어낸 방식을 설명한다.[1] 도시는 지리적·환경적 요건으로 형성되는 것이 아니다. 사람들이 모여 살만한 특별한 이유가 있을 때 마을과 도시가 형성된다. 공간은 사회적 산물이며 정신적 영역이자 물질적 영역이다. 공간은 그 안에 담긴 이데올로기와 헤게모니의 정치적·경제적·사회적 결과물로 파생된 것이므로 그 안에 무엇이 담겨 있는지가 무엇보다 중요하다. 새로운 사상과 이데올로기가 꽃피우는 곳이 장소와 공간이기에, 새로운 공간을 생산하지 못하는 생각과 가치는 결국 사라지기 마련이다. 장소와 공간을 담보하지

---

1   Sigurd Bergmann, "Making Oneself at Home in Environments of Urban Amnesia: Religion and Theology in City Space," *International Journal of Public Theology* 2 (2008), 70-97.

못한 사상은 시민들의 삶을 바꾸지 못하며, 오직 이념의 상부 구조, 제도, 정치 기구에만 미미한 영향을 미치고 상실될 것이다. 변화는 도시 공간에 구현된 시민들의 일상생활, 언어, 삶의 공간 안에서 창조적으로 일어나는 것이다.[2]

1977년 다니엘 벨(Daniel Bell)은 종교의 미래에 관해 논의하면서 "성스러움의 귀환"(return of the sacred)이라는 말로 종교의 재부흥을 예견했다.[3] 세속화 이론가들은 사회가 고도로 발달하고 인간의 이성이 향상될수록 종교 의존도가 낮아지면서 종교는 결국 쇠퇴에 이를 것이라고 전망했지만 현실은 전혀 그렇지 않았다. 종교의 새로운 가시성은 서구에서만이 아니라 전 지구적으로 목격되는 현상이며 이를 '후기 세속화'라고 부른다. 후기 세속화의 특징은 크게 다섯 가지로 볼 수 있는데, 첫째는 공적 종교의 새로운 재기, 둘째는 영성과 종교성의 새로운 표현 등장, 셋째는 비평 이론의 재주술화(re-enchantment), 넷째는 성스러움의 귀환, 다섯째는 세속에 대한 저항이다.[4] 후기 세속화의 흐름은 사회 전반에 걸친 종교적 해석과 실천으로써 세속 사회가 놓치고 있는 영적·공동체적

2   Henri Lefèbvre, *La production de l'espace*, 양영란 역, 『공간의 생산』(서울: 에코리브르, 2011), 108.

3   Daniel Bell, "The Return of the Sacred: The Argument on the Future of Religion," *The British Journal of Sociology* 28 (1977), 419-449.

4   Elaine Graham, *Apologetics without Apology: Speaking of God in a World Troubled by Religion* (Eugene, OR: Wipf and Stock Publishers, 2017), 54-62.

34

삶을 지향하도록 안내한다.

데이비드 하비(David Harvey)는 공간의 진정한 가치와 초월성은 무시한 채 물질적·기능적 가치만을 판단하려는 근대성(modernity)을 비판하면서, 공간이 공동체와 사회의 공공재로 작동하기보다 개인의 사적 소유물로 전락하면서 공간의 불평등이 발생했다고 주장한다. 미셸 푸코(Michel Foucault) 역시 파놉티콘(panopticon) 개념을 통해 근대 공간을 권력과의 관계에서 적나라하게 폭로했고, 월터 윙크(Walter Wink)도 사회의 지배 체제 뒤에 작동하는 영적인 힘들에 주목했다. 이처럼 공간의 초월성, 영성, 관계성 등이 중요하고 그것이 공간의 외형을 형성하기에, 근대 도시가 간과한 정신적·종교적 차원을 다시 생각해볼 필요가 있다.

성스러움과 장소의 탄생

조엘 코트킨(Joel Kotkin)은 『도시, 역사를 바꾸다』에서 도시의 탄생과 발전 과정에 종교의 역할이 중요하다고 지적한다. 그는 도시의 구성 요소를 크게 세 가지인 종교, 정치, 경제로 요약하면서, 도시에는 성스러운 공간이 필요하고 기본적 치안이 유지되어야 하며 또한 매매가 이루어지는 시장이 자리할 때 도시가 번영할 수 있다고 말한다. 그러면서 이 세 가지 중 어느 한 부분에라도 약점이 있을 시에는 그 약점이 부지불식간에 도시의 생명에 해를 끼치고 결국 도시를 쇠락으로 이끌었다고 주장한다.[5] 프랑스의 역사학자 퓌스텔 드 쿨랑주(Numa Denis Fustel de Coulanges)는 『고대도시』(*La Cité antique*, 아카넷 역간, 2000)에서 고대 그리스와 로마 문화사의 중심적 변화들이 종교적 신앙의 변화 때문에 일어났다고 했다. 당시에는 육체가 죽은 뒤에도 영혼이 계속 존재한다는 영혼불멸의 신앙이 널리 퍼져 있었고 부족과 종족 중심의 조상 숭배 의식이 집단적 안정감을 제공했기에 영혼들의 존재는 도시의 수호자로서 당연시되었다. 로마는 사회 제도와 통일된 하나의 종교 체계였으며 제국의 번영과 안정을 추구하는 데 종교가 핵심이었음을 부인할 수 없다.[6]

공간이 특별한 의미를 지닌 장소가 되려면 기본적으로 그 공간을 성스럽게 하는 무엇으로부터 영향이 미쳐야 한다. 하지만 성스러움은 인간적 행위와 감정에서 비롯된 것이 아니라 신성한 존재, 초월적 존재의 속성이자 존재 방식으로서 인간에게 보여지고 경험되는 어떤 것이어야 한다. 미르체아 엘리아데(Mircea Eliade)는 『성과 속』(*Das Heilige und das Profane*)에서 다음과 같이 말한다. "고대 사회의 인간은 성스러운 것 가운데서 혹은 성화(聖化)된 사물에 아주 가까이 접근하여 살려고 노력했다. 왜냐하면 원시인 및 모든 전근대적인 인간에게 성스러운 것은 힘이며,

---

5   Joel Kotkin, *The City: A Global History*, 윤철희 역, 『도시, 역사를 바꾸다』(서울: 을유문화사, 2013), 9.

6   N. D. Fustel de Coulanges, *The Ancient City: A Study on the Religion, Laws, and Institutions of Greece and Rome* (New York: Doubleday Anchor Books, 1864), 1873. 김종서 『종교사회학』(서울: 서울대학교출판문화원, 2014), 18에서 재인용.

도시를 어떻게 구원할 것인가?

궁극적으로 무엇보다도 실재 그 자체를 의미하기 때문이다." 그는 인간을 종교적 인간(*homo religiosus*)으로 규정하였으며, 종교적 인간은 존재하고자 하는 갈망, 실재에 참여하고자 하는 갈망, 힘으로 충만하고자 하는 갈망을 지닌다고 하였다.[7]

에밀 뒤르켐(Émile Durkheim)도 세계를 성과 속의 영역으로 구분하였다. 그는 금지되고 고립되어 있으며 위대한 힘으로 도덕적 의무를 부여할 수 있는 비일상적·초경험적 성스러움을 종교의 본질로 보았다. 원시 사회에서 인간에게 의미를 부여한 것은 신적인 존재, 성스러운 상징, 제의와 축제 같은 초월성의 영역들이었다. 어쩌면 그러한 성스러움을 경험하고 동경하는 인간의 바람과 태도, 즉 '종교적 인간성'이 인간의 의미를 확장하고 계승해나가는 것인지도 모른다. 성스러운 우주를 추구하는 인간의 삶은 공간과 시간 안에서 신성한 것을 재현하고 모방하여 공동체와 개인의 세계를 만들어간다. 그와 동시에 신성함의 중심부를 둘러싸고 인간의 삶의 의미, 방향, 세계관, 사회적 관계, 생활 양식을 형성한다. 물론 종교를 초월적 대상을 통한 인간의 경험과 감정으로 볼 것인지, 말할 수 없는 신적 본질로부터 기원하는 것으로 볼 것인지에 따라 다르겠지만, 성스러움이 인간 사회에 미치는 영향은 분명하다. 성스러움은 공간을 창출하고 그곳에 의미를 부여하며 지속적으로 사람을 모아들이는

---

7   Mircea Eliade, *Das Heilige und das Profane*, 이은봉 역, 『성과 속』(서울: 한길사, 1998), 50.

힘을 발휘한다.

　고대 시대에 사람들은 정착지 없이 유랑하면서도 죽은 자만큼은 동굴이나 돌무덤에 묻고 그곳을 자신의 영역으로 인식했다. 예를 들어, 고대 유대인들은 조상 무덤이 있는 곳의 상속권을 주장했다. 또한 그리스·로마 도시에서 도로변에 무덤과 비석을 둔 것, 이집트에서 신전과 무덤을 세웠던 것 등을 봐도, 죽은 자와 산 자의 자리가 분리되지 않았음을 알 수 있다. 이러한 공간은 하나의 '성소'(sacred site)로서 제의와 교제, 예술과 비전을 나누는 마을의 핵심 공간이 된다.[8] 사실 인류가 정착지를 꾸릴 때는 배산임수나 식량 획득 같은 생존에 유리한 조건보다도, 그곳에서 꼭 살아야 하는 초월적 이유와 의미가 더욱 중요했다.

　기독교에서도 마찬가지다. 성스러운 공간으로서 가장 구체적인 곳은 바로 성소다. 성소는 인간이 접촉할 수 있는 신적 공간으로서 세계의 중심부라는 의미를 내포하고 있다. 일반적으로 세계의 모든 종교는 그 종교의 '성소'가 있는 지점을 중심으로 세계가 전개된다고 해석하고 세계의 구조를 성소에서부터 설명한다. 성소를 중심으로 하여 수직적으로 지하 세계와 천상 세계가 나누어질 뿐 아니라, 수평적으로도 세계의 지평이 사방으로 펼쳐진다고 믿는다.[9] 성소는 천상계, 지상계, 지하계가 만

8　　Lewis Mumford, *The City in History*, 김영기 역, 『역사 속의 도시』(서울: 명보문화사, 2001), 4-6.
9　　한숭홍, 『문화종교학』(서울: 장로회신학대학교, 1987), 221-222.

나는 점이요, 성현화된 장소다. 그래서 성소는 신성한 곳으로서 두렵기도 하고 존엄하기도 하다. 사람들은 성소가 종교적 집합 장소나 예배처로 기능할 뿐 아니라, 인간의 삶을 모두 간섭하는 우주적 생성력과 신적 계시의 집행 장소라고 신앙하게 된다.

현대 도시는 세속화된 도구적 이성을 강조하면서 종교의 자리를 위축시켰지만, 후기 세속 사회는 전혀 다른 도시의 풍경을 연출하고 있다. 뉴욕, 런던, 도쿄, 서울 같은 국제적 도시(cosmopolitan city)의 풍경은 다양한 인종, 언어, 문화를 배경으로 하는 시민과 공동체, 그들이 만들어내는 독특한 문화와 생활 양식으로 가득하다. 그리고 그 배경에는 항상 종교가 있다. 세계화로 인한 많은 이동으로 관광객, 유학생, 기업가, 이민자 등이 들어와 도시의 다양성을 증대하면서 동질화 대신 이질화된 도시, 다원적 도시, 차이의 도시, 즉 포스트모던적 도시(postmodern city)를 형성했다.[10] 탈장소화된 현대인들의 정체성 혼란은 곧 그들의 뿌리가 되는 장소의 상실, 공동체의 상실이 그 원인이다. 세속화로 인해 도시의 장소

---

10 포스트모더니즘에 대하여 여러 입장이 있으나, 성찰적 담론(reflective discourse)으로서 계몽주의의 이성에 관해 성찰한 Lyotard, Foucault, Derrida 등의 논의에서 엿보이는 절대성 거부, 탈중심과 해체화, 타자에 대한 관심, 문화와 미학에 대한 주목 등이 그 특성이라고 할 수 있다. 이러한 특징들이 포스트모던 도시로 구체화하면서 구조주의의 중심적인 공간이 해체되고 지방·차이·개체성 강조와 상징·기호·영성 추구로 이어지게 된다. 여기서는 포스트모던 도시의 차이성과 다양성의 핵심을 종교로 이해하고자 한다. 다양성의 문화로 무장된 종교가 다시 도시의 공적 영역으로 복귀하면서, 도시의 변화를 주도하는 후기 세속 도시(postsecular city)가 나타난 것이다.

마다 깃들어 있던 의미가 상실되고 장소에 부여되어 있던 가치가 제거되면서 공간은 소유와 투자의 대상으로 전락했다.

장소와 종교성의 관계에 주목하는 티모시 고린지는 기독교가 특정한 성지나 제단이 있는 장소를 거룩한 공간으로 신성화하지는 않으나, 모든 공간 안에 편재하시는 하나님의 공간적 속성을 믿기에 기독교적 관점에서는 모든 장소가 거룩해질 수 있다고 했다. 고린지에 따르면 공동체의 정체성은 장소와 분리될 수 없다. 그것은 장소마다 깃든 공동체의 역사와 시민들의 기억에 자리한 의미의 합이 표출되면서 형성된다.[11]

종교는 도시 공간에 독특한 정체성을 덧입혀주는 일에 탁월하다. 세속의 공간과는 차별화된 건물, 조형물, 장식, 색채, 음악 등은 그 장소만의 독특성을 효과적으로 살려낸다. 실제로 도시들은 종교 건축물 덕에 저마다 독특성을 갖추게 된다. 반드시 종교적 건축물이 아니더라도, 종교적 영성과 신성함을 모토로 공간을 설계하기도 한다. 데이비드 마틴(David Martin)은 도시의 건축물에서 드러나는 후기 세속의 모습을 자세히 묘사한다. 로마의 베드로 대성당은 국왕을 기리는 거대한 비토리오에마누엘레 2세 기념관과 함께 로마의 신성함을 경쟁하고, 파리의 노트르담 성당과 국민 사기 진작을 위해 건설된 사크레쾨르 대성당은 둘 다도시 공간을 거룩하게 하는 성스러운 장소가 되었다. 암스테르담에서는

---

11   Timothy J. Gorringe, *The Common Good and the Global Emergency* (Cambridge, UK: Cambridge University Press, 2011), 78-84.

암스테르담 대학, 암스테르담 국립미술관, 콘세르트헤바우 홀이 종교적 신성과 영성적 차원을 간직하고 있고, 보스턴에서는 신성함을 심포니 홀과 미술관으로 옮기면서 그곳들이 명상과 환희와 영적 회복의 중심지가 되었다. 마틴은 신성한 공간을 채우는 세 가지 요소로 아테네식 고전 양식의 사원, 이집트식 오벨리스크, 그리고 성당 건축물을 꼽는다.[12] 종교는 도시민 개개인의 정체성 형성에 영향을 미치는 동시에 도시 전체의 정서, 이미지, 브랜드 형성에도 상당한 영향을 준다. 교회, 성당, 사원이 위치한 도시 구역은 물론이고, 국가 의례와 공적 행사에 등장하는 의식들 역시 종교성에 기반한 요소가 상당하다.

종교는 도시의 일부로서 '정체성의 정치학'에서 다양성을 더욱 풍성하게 하는 결정적 요인으로 작용하여 새로운 공간을 만들어내고, '공간 창출의 정치학'(politics of place-making)을 통하여 특수한 지역성과 정체성과 문화들을 만들어낸다. 또한 종교적 담론, 실천, 공동체는 도시를 경험하는 하나의 일상이자 변화의 중요한 동력이 된다.[13] 성스러운 종교와 경쟁하는 또 다른 실재적 도시 환경은 정치 제도, 민족주의, 계몽주의 같은 것들이다. 하지만 도시의 성스러움은 그저 이상적인 도시를 향한 비전이 아니라, 이미 교회나 성당 같은 종교적 건축물과 그 정신을 담보

---

12   David Martin, *On Secularization: Towards a Revised General Theory*, 김승호 외 6인 역, 『현대 세속화 이론』(파주: 한울아카데미, 2008), 123-141.

13   John Inge, *A Christian Theology of Place* (Abingdon, UK: Routledge, 2003), 17-18.

하는 시민을 넘어 도시 전체에 스며들어 있다.[14]

도시의 재영성화

하비 콕스(Harvey Cox)는 『세속도시』(*The Secular City*, 문예출판사 역간, 2020)에서, 본회퍼(Dietrich Bonhoeffer)가 말한 "성숙한 인간이 사는 세상"은 바로 도시화된 세속 사회이며, 기독교를 포함한 모든 종교가 사라진 세상일 것이라고 예견했다. 그에 따르면 세속 도시(secular city)는 하나님의 비전이 도시 안에 자유와 생명으로 육화되어 모든 그리스도인에게 정의를 향한 공통의 움직임을 실천하도록 하는 곳이다. 콕스의 이런 사상은 성육신적 하나님 나라 신학에 기반을 둔 도시 사역과 활동에 영감을 받아서 나온 것이다.[15] 비종교화되고 비신성화된 세속 도시는 하나님이 창조한 새 하늘과 새 땅이 아니라 인간이 만든 인공 환경, 즉 공학 도시다. 콕스는 세속 도시의 특성으로 무명성, 이동성, 실용성, 불경건성을 언급했다. 그러나 곧 이루어지리라고 보았던 인공적 새 예루살렘을 향한 낙관적 기대는 빠르게 무너졌다. 인구 폭발, 식량 및 에너지 위기, 환경과

---

14   David Martin, 김승호 외 6인 역, 『현대 세속화 이론』, 158-159.

15   Christopher Baker, Elaine Graham, "Urban Ecology and Faith Communities," *A Companion to Public Theology* (Leiden, Netherlands: Brill, 2017), 390-418.

생태 위기, 새로운 질병 출현, 대량 살상 무기와 우주로까지 전쟁이 번질 위협, 사상 및 종교 간의 대결, 초강대국에 의한 국제 질서 개편과 그에 따른 전쟁 등이 기계화된 세속화에 의한 인류 문명에 대한 환상을 여지없이 깨버렸다.[16]

　　근대 도시의 설계와 조성은 도시의 공간을 동질화하는 방향으로 이루어졌다. 비슷한 거주 공간과 도시의 풍경, 획일적으로 나뉜 구획 안에서 도시민의 삶은 획일화되었다. 그러나 포스트모던의 흐름을 타고 다양성과 다원성이 부상하면서 다양한 지역의 목소리가 반영되고 다양한 도시 구성원 공동체가 형성되는 등, 도시의 혼종성이 나타나고 있다. 레오니 샌더콕(Leonie Sandercock)에 따르면 코스모폴리스(cosmopolis, 국제 도시)에서는 타자에 대한 관용이 전제되고 도시 공간이 모두를 위한 열린 공간으로 존재하긴 하지만, 이민자에 대한 두려움과 낯섦이 공존한다. 따라서 타자와 어떻게 더불어 살아갈 것인지를 고민하는 것이 오늘날 도시의 과제다. 그는 현대 도시민의 정체성이 단일한 문화와 인종, 언어를 배경으로 형성되는 것이 아니라 혼종적이고 다원적이라고 보았다. 특히 이주민으로 살아가는 디아스포라 공동체의 정체성은 다중적일 수 있다. 이러한 코스모폴리스의 특징으로서 국제적인, 잡종의, 섞임의 혼종성이 강조된다.[17]

16　한영태, "하비 콕스의 신학사상 연구", 「神學과 宣敎」 30(2004), 510-511.

17　Christopher Baker, *The Hybrid Church in the City*, 32-34.

종교는 시민들이 하나의 정체성과 세계관과 문화를 형성하는 데 중요한 요소다. 특정 종교 기관이나 공동체가 지역에 자리함으로써 그 지역 시민의 정체성뿐 아니라 문화와 세계관 형성에도 상당한 영향을 미칠 수 있다. 도시 안으로 종교적 성스러움이 귀환한 오늘날, 우리는 첫째로 종교가 도시 공간의 변혁과 공동체성 형성에 얼마나 기여할 수 있는지, 둘째로 지역 사회의 공공선과 도덕적 가치 형성에 어떻게 기여할 수 있는지, 셋째로 정책 수립과 집행 과정에서 어떤 도움을 줄 수 있는지, 마지막으로 도시 공간에 대해 얼마나 새로운 상상을 펼치며 비전을 제시할 수 있는지를 고민해야 한다.

종교가 새로운 가시성을 띠며 도시 안으로 돌아온 '후기 세속 도시'에서는 종교와 과학, 신앙과 이성, 전통과 혁신이 더 이상 극단적으로 갈라서는 것이 아니라 새로운 협력과 동반자 관계가 될 것을 요구받는다.[18] 크리스 베이커(Christopher Baker)와 저스틴 보몬트(Justin Beaumont)에 따르면 후기 세속 도시는 세속주의와 세속화의 역동으로 형성된 공간에 종교와 영성의 공적 표현이 재등장하면서 만들어진 공간이다. 이러한 도시는 잡종 도시(mongrel city) 또는 차이의 도시(city of difference)로서, 다원적 정체성과 혼종성의 흐름 안에서 제국주의, 전체주의, 근대주의 내러티브

---

18 Justin Beaumont, Christopher Baker eds., *Postsecular Cities: Space, Theory and Practice* (London; New York: Continuum, 2011), 1-2.

를 무너트려간다.[19]

도시 안의 종교를 보여주는 대표적 사례는 단연 예루살렘일 것이다. 다양한 종교가 한 공간에 어우러져 공존하는 예루살렘을 통하여 우리는 도시 안의 종교의 모습을 상상해볼 수 있다. 토비 펜스터(Tovi Fenster)는 예루살렘 안에 공존하는 다양한 종교를 시각적·청각적으로 분석하면서, 도시 안에서 종교와 세속이 어떻게 갈등을 빚는지를 앙리 르페브르(Henri Lefebvre)의 "도시에 대한 권리"라는 개념으로 서술해간다. 예루살렘에는 유대교, 기독교, 이슬람교가 공존한다. 종교마다 독특한 제의와 실천과 전통이 있기에 도시의 풍경이 다채롭고 이질적이다. 사실 종교 도시로서 예루살렘의 독특성은 복잡한 역사를 통해 형성되었기 때문에 후기 세속 도시의 전형으로 보기에는 무리가 있다. 그러나 그곳에서 나타나는 종교의 가시적 이미지 사용과 종교 간의 갈등 관계는 다원화된 종교 공동체의 공존과 화해에 있어 주요한 모티프를 제공한다. 펜스터는 예루살렘이 유대교 공동체 지역, 팔레스타인 주거 지역, 이슬람 지역으로 구획되어 있다며, 각 지역의 정체성이 도시의 풍경을 어떻게 장식하는지를 설명한다.

그는 먼저 유대교의 안식일 풍경을 묘사하면서, 안식일의 기도와 식사와 노래가 도시를 아름답게 수놓는 장면을 인상적으로 그려낸다. 안식일에 상점들은 문을 닫고 공공 광장에서의 활동은 줄어든다. 반대로

---

19   위의 책, 33.

도시의 일시적 거류민인 관광객들이 유대교의 안식일 규율에 어긋나게 행동할 때는 극단적 정통파(ultra-orthodox) 유대인들의 비난과 돌팔매질을 받기도 한다. 또한 여성들은 공공장소에서 예의를 갖춰 옷을 입어야 한다는 문구가 도시 곳곳의 거리와 대문, 담장에 쓰여 있다. 즉, 도시 전체에 걸쳐 성스러움과 세속의 공간을 구분하는 문화가 자리하고 있다는 뜻이다.[20] 반대로 "Iran is Here"과 같이 타민족, 타종교의 존재를 알리는 글귀와 이미지도 거리 곳곳에서 볼 수 있다. 문화적·사회학적으로 이러한 그라피티(graffiti)는 도시 공간에서 공적 메시지를 표현함으로써 주류 그룹에 저항을 표한 것으로 해석할 수 있다. 이런 갈등 상황에서 정부와 지자체의 역할이 중요한데, 예루살렘 시당국은 무슬림들의 그라피티를 지우지 않으면서 차이에 대한 관용과 인정의 분위기를 연출해냈다.[21]

각 종교 공동체가 도시의 한 구성원으로서 독특한 자기 정체성과 문화를 형성하면서, 도시에서는 다양성의 조화와 평화를 위한 연대의 중요성이 높아지고 있다. 이러한 종교의 역할과 공존의 방법을 모색하는 과정에서는 공공 기관의 중립적 태도가 요청되며, 공공의 장에 복귀한 종교 집단의 관용적 태도도 필요하다. 특히 종교가 공동체 전체에 기여할 수 있는 긍정적 역할을 고민하면서 열린 자세를 유지하는 것은 필수

---

20   Tovi Fenster, "Non-Secular Cities? Visual and Sound Representations of the Religious-Secular Right to the City in Jerusalem," Justin Beaumont, Christopher Baker eds., *Postsecular Cities*, 70-76.

21   Justin Beaumont, Christopher Baker eds., *Postsecular Cities*, 79-82.

적이다.

도시의 혼종성과 관계성

도시의 다원적 정체성이 증가하면서 파편화된 계층과 이슈들이 점점 더 중요해지고 있다. 공간해체론의 주장처럼 도시는 권력, 중심, 계급, 자본이 하나의 기제로 환원되지 않은 채 분절되고 차별화된 탈중심적 양상으로 변모하고 있다. 탈구조주의 공간의 특성은 개체의 공간 확보로서, 타자와 지역 공간이 중심이 되는 지역적(local) · 주변적(marginal) 공간의 부상이다. 또한 정체성의 공간(space of identity)으로서 특정 지역의 역동성, 특이성, 일상성에 대한 관심이 높아지고 있다.[22] 오늘날의 도시는 특정한 시스템과 체계로 설명되지 않으며 중심 지역이 한 곳으로 집중되지도 않는다. 도시는 탈중심적이면서도 다중심적인 공간의 상호 관계성 가운데 긴밀히 연결되어 있다. 단지 장소들의 연결만이 아니라 사람, 물질, 재화, 정보 등이 서로 얽힘으로써 도시 공간을 변화시킨다. 애쉬 아민(Ash Amin)과 나이젤 스리프트(Nigel Thrift)는 도시를 하나의 살아 있는

---

22 조명래, 『현대사회의 도시론』(서울: 한울아카데미, 2002), 171-173. Edward Soja는 포스트모더니티가 갖는 도시화의 측면을 여섯 가지로 설명한다. 유연적 산업화와 성찰적 축적, 지구화-지방화의 동시화, 다문화주의의 확산, 사회계층적 분단화, 사회 통제의 부재, 도시 이미지의 중요성 부각 등이다. 같은 책, 177-182.

생명으로 이해하면서, 이동(transitivity), 리듬(rhythms), 발자국(foot-print)과 같은 메타포가 도시를 새롭게 한다고 주장한다.[23] 도시는 민족, 언어, 종교, 문화 등에 있어 단일체로 구성되지 않으며 많은 부분에서 파편화하고 있다. 파편화하는 도시 영역 간의 연관성이 없어지면서 과거 폴리스의 하나 된 집중력과 공동체성은 점점 약화되고, 중심부와 주변부, 참여와 배제, 낯선 이들의 혼재가 심화되고 있다.[24] 앞에서도 말했듯이 크리스 베이커는 도시의 이러한 특징을 '혼종성'이라고 명명했다.

탈근대 도시는 네트워크 도시(network city)다. 이 개념은 마누엘 카스텔(Manuel Castells)이 1980년대에 실리콘 밸리를 중심으로 하이테크 산업이 발전하고 있으며, 컴퓨터·인터넷을 기반으로 한 도시 공간, 네트워크 사회가 가상에서도 구성원들을 서로 연결해주는 방향으로 성장하고 있음을 포착한 것에서 출발한다.[25] 네트워크는 다양성, 개방성, 유연성, 종합성, 복잡성, 연결성을 포괄하는 개념으로서 상호 소통성과 다중성의 원리를 특징으로 한다. 카스텔은 네트워크의 유무 및 네트워크 간

---

23 Ash Amin, Nigel Thrift, *Cities: Reimagining the Urban* (Cambridge, UK: Polity, 2002), 8-9.

24 Markus Schroer, *Räume, Orte, Grenzen: Auf dem Weg zu einer Soziologie des Raums*, 정인모·배정희 역, 『공간, 장소, 경계』(서울: 에코리브르, 2010), 265-266.

25 Christopher Baker, *The Hybrid Church in the City*, 28. "카스텔의 기술 패러다임 개념 정의는 단순히 테크놀로지 자체의 혁명만을 의미하지 않는다. 기술 혁명이 기술 장의 변화뿐만 아니라 사회 구조의 물적 기반인 생산, 노동, 사회 조직과 정치, 권력, 일상적 삶의 방식들, 가치관 등 사회 시스템 자체를 혁명적으로 변화시킨다는 것이 카스텔의 기본 전제다." 김남옥, 『마누엘 카스텔』(서울: 커뮤니케이션북스, 2016), 5.

의 역학 관계가 지배와 변화의 핵심 원천이 되며, 의사소통 행위자들이 나누는 메시지의 흐름을 통해 새로운 사회가 창조된다고 보았다.[26] 카스텔 이후로 현대 도시를 하나의 네트워크로 보는 도시 사회학자로는 사스키아 사센(Saskia Sassen)과 에드워드 소자(Edward Soja)가 있다. 사센은 런던, 뉴욕, 도쿄를 비교 분석하면서 글로벌 도시가 지식과 자본 기반 산업을 중심으로 성장하고 있음을 보았다. 그는 글로벌 도시의 특징을 네 가지로 설명하는데, 첫째로 세계 경제 기구와 조직들이 자리하고 있고, 둘째로 공업 도시에서 벗어나 문화와 영화를 만들어내며, 셋째로 혁신적인 물건을 만들어내고, 넷째로 그런 상품과 혁신을 위한 시장이 형성되어 있다.[27]

현대의 도시 공간은 다차원적으로 변화하면서 인종과 종교를 중심으로 시민의 정체성을 새롭게 형성한다. 애쉬 아민은 2001년 영국의 북부 지역 도시들에서 일어난 인종 갈등 문제를 다루면서 도시 정책이 사회적 연합과 조화를 강조하면서도 지역과 공동체별로 형성된 정체성에 대한 이해가 부족했음을 지적하였다. 특히 제국주의의 영향으로 백인 사회에 반감이 있던 아프리카와 제3세계 국가들을 제대로 이해하지 못해 지역 갈등이라는 부작용을 낳았다. 혼종성과 다양성 증가는 지역 공동체

---

26   김남옥, 『마누엘 카스텔』, 27-32.

27   Saskia Sassen, *The Global City: New York London, Tokyo* (Princeton, NJ: Princeton University Press, 1991), 3.

의 정체성에 근거를 두기에 유기적(organic) 접근이 필요하다. 지역에 공통의 이해와 정서를 적용하기보다, 서로의 차이와 다양성을 존중하는 최소한의(minimum level) 관용적 공존이 요청된다. 지역 공동체는 구성원의 일상생활 속에도 독특한 문화와 종교적 관습에 따른 실천이 나타나게 해 역동적이고 다채로운 풍경을 연출한다. 지방 정부는 지역적 특수성에 따른 차이를 인정하고 작은 공공들(micro-publics)의 건강한 공존을 위해 노력해야 한다.[28]

오늘날 도시는 작은 세계화의 모형이다. 도시 안에서 시민들은 저마다의 인종 공동체를 형성하는데, 그 중심에 종교가 깊숙이 자리한다. 종교는 단순히 영적 차원에서 시민들의 심리적 안정과 내적 욕망을 담당하는 것이 아니라 가시적 차원에서 공동체를 결집하는 핵심이며, 공동체의 정체성과 안정성을 유지하고 도시 안에 작은 공동체를 형성하는 힘이 된다. 도시는 단일한 공동체가 아니라 점점 다양한 공동체의 연합체가 되어가고 있다.

이러한 유기체로서의 도시는 단순한 거주 공간이 아닌 개방성, 이질성, 생동감의 공간이 된다. 그러나 반대로 무대 장치로서의 도시는 정적이고 폐쇄적이며, 나아가 비이동적이고 생명력을 잃은 공간이 된다. 발자크(Honoré de Balzac)는 도시 공간을 묘사함에 있어 "감정을 가진 존재"

---

28   위의 책, 42-43.

와 "신체 정치"라는 이미지를 사용했다.[29] 도시의 개방성과 유동성은 단순히 이방인끼리의 만남을 주선하는 것이 아니라, 익숙한 것과 익숙하지 않은 것, 기지의 것과 미지의 것, 고유의 것과 낯선 것 사이의 이질감을 만들어낸다. 이러한 이질감은 생동감을 주는 동시에 위화감과 두려움을 선사하기도 한다. 도시에는 접촉의 수용과 접촉의 기피가 동시에 공존하며, 이방인들의 공동체로서 만남과 회피의 양면성을 띤다. 기피와 회피는 자발적 혹은 비자발적으로 일어나며 도시의 익명성과 무관심을 잘 보여주기도 한다.[30]

　탈근대 도시의 가장 대표적인 특징은 민족 국가라는 경계선이 흐릿해지고, 공동체의 단일한 정체성이 아닌 다양성이 강화되는 방향으로 나아간다는 것이다. 세계화란 유동성(mobility) 증대에 따른 시공간의 압축과 확장으로서, 국민 국가의 영역성이 세계적인 규모로 탈-재영역화하는 것이다. 탈근대 도시에서는 근대의 영역적·이분법적 사고에서 벗어나 경계에 관해 재인식할 필요가 생기며, 새롭게 형성된 다원적·다층적 공간 안에서 관계의 유동성과 상대성에 주목하게 된다.[31]

　레오니 샌더콕(Leonie Sandercock) 역시 도시민의 정체성과 소속감을

29　박규태 외 4인, 『로컬리티와 포스트모던 공간성』(서울: 소명출판, 2017) 중 하용삼, "비물질적 노동에 의한 공간의 재전유", 53-63.

30　Markus Schroer, 정인모·배정희 역, 『공간, 장소, 경계』, 277.

31　박규태 외 4인, 『로컬리티와 포스트모던 공간성』(서울: 소명출판, 2017) 중 이상봉, "모빌리티 패러다임: 장소의 재인식과 사회관계의 재구성", 189-194.

더 이상 고정적인 것이 아닌 유동적이고 관계적인 것으로 규정한다. 근대적 정체성은 차이성을 기준으로 설정되어 있기에 혼종적 후기 세속 도시에서는 공포와 두려움을 일으키므로, 일상의 시간과 공간에서 마주치는 이들과의 비슷한 점에 주목하여 느끼는 동질감이 정체성의 새로운 기준이 되어야 한다.[32] 앞서 언급한 바와 같이 유동성과 다양성이 공존하는 새로운 도시의 풍경은 도시에 생동감을 불러일으키고 상상력을 자극하지만, 거기에는 낯선 타자에 대한 두려움과 경계심도 공존한다. 낯선 자와 이방인의 출현은 사회 질서에 혼란을 가져오며 낯선 자들도 제각각 불완전한 거주를 경험하게 된다. 또한 불안이나 위험을 해소하기 위해 장소의 근접성을 다시 중요시하는 '게이티드 커뮤니티'(gated community)와 같이 배타적 폐쇄성으로 이어질 가능성이 크다. 도시의 공적 공간에서 마주하는 낯선 이들을 같은 시민으로 인식하려면 정체성의 새로운 개념이 필요하며, 그것은 다원적 정체성 또는 관계적 정체성이 되어야 할 것이다.

---

32   Leonie Sandercock, Peter Lyssiotis, *Cosmopolis II: Mongrel Cities in the 21st Century* (London; New York: Continuum, 2004), 92-98.

도시를 어떻게 구원할 것인가?

공간 정체성의 재형성

애쉬 아민은 역사적으로 '좋은 삶에 대한 상상'이 좋은 도시와 공간을 만들어왔음을 간파하고, 플라톤, 아우구스티누스, 아퀴나스를 비롯해서 근대의 르 코르뷔지에(Le Corbusier), 에드워드 벨라미(Edward Bellamy), 사드 후작(Marquis de Sade) 등 모두가 각자의 이상적 도시상에 따른 유토피아 공간을 상상해왔다고 말한다. 그에 따르면 사회학적으로 오늘날의 도시는 공동체, 행복, 웰빙의 공간으로 자리하지 못하고 있으며, 반대로 오염되고 건강하지 않으며 과도한 집중화 및 기계화로 변질되어왔다. 좋은 도시가 무엇인지에 대한 대답은 도시 경험의 특수성과 차이로 인해 구성원에 따라 다양할 수 있음을 인정하고 해방과 웰빙의 발전적 정치학으로 나아가야 한다.[33] 공간은 동질성보다 차이성의 중첩과 연결을 특징으로 한다. 저마다의 특징에 따라 분할되어 있지만 동시에 서로 연결되면서 끊임없이 움직이고 변화한다. 스리프트는 공간의 수량화·계측화를 거부하면서 가변적이고 다양화된 면들에 집중한다.[34]

이제는 도시의 설계와 건설에 있어서도 종교성에 대한 관심이 높아지고 있다. 호주 남서부 지역의 도시설계를 담당했던 리비 포터(Libby

---

33   Ash Amin, "The Good City," *Urban Studies* 43 (2006), 1009-1023.

34   Jörg Döring, Tristan Thielmann hgs., *Spatial Turn: Das Raumparadigma in den Kultur- und Sozialwissenschaften*, 이기숙 역, 『공간적 전회』(서울: 심산, 2015) 중 Nigel Thrisft, "공간", 461-462.

Porter)는 관계의 깊은 실천을 위해 이타심, 긍휼, 동정이 중요하다면서 도시설계가 타자를 향한 윤리적 접근으로 나아가야 한다고 했다.[35] 모더니스트들은 도시 건설을 사회적 정의 차원에서 접근했지만, 최근의 도시설계는 공간의 영/정신(spirit of place)의 측면들을 강조하면서 생태적·생체적·상징적·정서적 의미를 부여하려 한다. 즉, 비물질적 가치에 집중한다는 것이다.[36] 공간은 현상적 영역뿐 아니라 추상적·관념적 영역에까지 확장되어, 형이상학적 영역과 형이하학적인 영역에 걸친 물리 공간, 심상 공간, 가치 공간, 도덕 공간 모두를 아우른다.[37]

에드워드 소자는 "공간적 전회"(spatial turn)라는 개념을 내놓으면서 공간과 장소에 대한 사고를 물리적 차원에서 비물리적 차원으로까지 확장했다. 또한 최근에는 "공간 자본"(spatial capital)과 "공간적 정의"(spatial justice)에 관심을 두면서 도시 공간의 혁신, 창의성, 경제 발전의 차원을 넘어 위계질서, 불평등, 사회적 양극화와 불공정의 문제까지 다루고 있다.[38] 공간적 전회에서 '공간'은 '사회적으로 생산된 공간'을 뜻한다. 공간화란 물리적 공간화만을 뜻하지 않으며, 르페브르의 말대로 공간은

---

35   Libby Porter, *Unlearning the Colonial Cultures of Planning* (Farnham, UK; Burlington, VT: Ashgate, 2010), 238.

36   Justin Beaumont, Christopher Baker eds., *Postsecular Cities,* 89.

37   박규택 외 4인, 『로컬리티와 포스트모던 공간성』, 35.

38   Jörg Döring, Tristan Thielmann hg., 이기숙 역, 『공간적 전회』 중 Edward Soja, "시대정신에서 공간정신으로: 공간적 전회에 대한 새로운 왜곡들", 278-279.

54

도시를 어떻게 구원할 것인가?

사회적 관계 속에서 생산된 것이다. 공간의 정신성과 추상성은 도시 공간을 파악할 때 드러나는 주요한 특징이다. 특히 탈근대 도시는 하나의 특징과 개념으로 묘사할 수 없는데, 수많은 정체성이 서로 마주하는 혼종적 공간이기에 더욱 그러하다.

도시 공간을 새로운 시각으로 사유하면서 새로운 도시성에 주목해 보자. 도시성이란 무엇인가? 도시성은 도시적 생활 양식(urbanism), 즉 올바른 몸가짐, 교양, 시민적 사교 행태, 도덕적 행동, 자유로움, 계몽된 정신적 태도, 세계에 대한 열린 마음과 정치적 참여 같은 것들이다. 새로운 도시성에 대한 고찰은 단순히 도시에 거주하는 것을 넘어서 잘 사는 법, 제대로 살기 위해 도시에 참여하고 협력적 존재가 되는 방법에 대한 고찰이다.[39] 최근의 도시적 삶은 다양성과 혼합, 밀집성과 이질성이 마주하는 삶이기에, 배제와 폭력이 난무하는 야만성을 극복한 포용적이고 관계적인 새로운 도시성이 요구된다.

종교는 도시의 영성과 도시의 정체성 형성에 기여할 수 있다. 장소는 독특한 정체성을 형성하는데, 거주민의 정서와 인식에 깊이 영향을 미치면서 하나의 뿌리 혹은 장소감(장소 정체성)을 형성하는 것이다. 장소감은 주변 환경의 영향을 의미하기도 하지만 함께 거주하는 이들과의 유대감과 연대 의식을 말하기도 한다. 도린 매시(Doreen Massey)는 장소를 그 장소 너머의 장소들과 연결할 때 장소감이 구축되며 장소의 정체

---

39   Markus Schroer, 정인모·배정희 역, 『공간, 장소, 경계』, 258.

성은 역사와 문화 안에서 사회적 관계들이 다양한 방식으로 만날 때 형성된다고 주장한다.[40] 이푸 투안(Yi-Fu Tuan)은 환경이 인간의 정서와 정체성, 가치와 태도에 미치는 영향을 연구하면서 "토포필리아"(topophilia)라는 개념을 내놓았다. 애국주의나 전원에 대한 동경 등은 장소와 결합된 인간의 정서를 포함한다. 그는 요한계시록에 등장하는 정방형의 새 예루살렘이 이상적 도시의 우주적 상징이 구체화된 모습이며, 미국의 도시들이 그러한 이미지를 구현하고자 했다고 평가한다.[41]

  문명의 초창기 때부터 종교는 장소의 정체성을 형성하는 일의 중심에 있었다. 종교는 특정 장소에 의미를 부여하고 그곳을 중심으로 생활양식과 규칙을 만들며 남녀의 역할을 구분해왔다. 고대 사회에서 시민은 주로 집 밖의 공간인 공적 영역에서 역할을 하는 남성들이었으며, 여성은 집 안의 사적 영역에 머무는 존재였다. 여성은 비가시적이고 낯선 타자로 거주하는 존재로서 인식되었으며, 종교 공간 역시 여성에게는 금지된 장소(taboo)라서 성전과 사원의 분리된 공간, 즉 바깥쪽(outside)에 머물러야 했다.[42] 도시와 종교 공간에서 여성에 대한 배제는 어휘에서도

---

40   Doreen Massey, *Space, Place, and Gender*, 정현주 역, 『공간, 장소, 젠더』(서울: 서울대학교출판문화원, 2015), 279-281.

41   Yi-Fu Tuan, *Topophilia: A Study of Environmental Perception, Attitudes, and Values*, 이옥진 역, 『토포필리아』(서울: 에코리브르, 2011), 175-234.

42   Clara Greed, "A Feminist Critique of the Postsecular City: God and Gender," *Postsecular Cities*, 105.

확인할 수 있다. 영어로 특정한 땅과 지역을 의미하는 zone은 그리스어로 zona인데 이는 여성의 성, 유혹, 도덕적 오염으로 배제된 영역이다. 라틴어 *zonam solvere*는 처녀지가 아닌 곳, 결혼하거나 처녀성을 잃은 공간으로서 남성의 공적 영역에서 여성의 영역을 분리한 말이다.[43] 근대 도시는 확실히 남성 중심의 사회를 위해 기획된 공간이었다. 여성은 사회적 지위와 역할 측면에서 상대적으로 남성보다 열등한 자리에 머물렀으며 가정에서 아이를 돌보거나 남성을 돕는 자로 여겨졌다. 즉 공간은 문화적 질서와 가치를 함의하면서 사회적으로 기획되고 재구성된 장소이며, 그 이면에 종교적·사회적 가치가 작동되고 있음을 파악해야 한다.

그러나 후기 세속 도시의 상황은 조금씩 반전된다. 도시설계와 기획, 도시 정책의 운영에 있어 가치와 영성이 주목받으면서 근대의 이원론을 극복하고 영성적·관계적 접근이 시도되기 시작했다. 근대 도시에서 배제되었던 여성은 그들의 경험과 관점으로 도시의 재생명화에 영향을 미칠 뿐 아니라 종교 공동체와 만나면서 새로운 소속감 안에서 역할이 더욱 커질 것을 기대할 수 있게 되었다. 도시의 정체성을 영적이고 초월적인 차원으로 인도하는 종교는 근대 도시가 간과해온 관점, 즉 합리적 이성을 넘어선 새로운 관점으로 도시를 바라보게 한다.

---

43   위의 책, 106.

2장

왜곡된 도시의
근대적 욕망

근대성은 특정한 시간을 통해 형성되어온 것처럼 보이지만 근대성이 구체적 사회 현상으로 가시화된 것은 공간을 통해서다. 근대성은 인간 사회의 모든 측면에서 시공간적 존재 양식을 바꿔놓았다. 그뿐만 아니라 근대성에 기초하여 발달한 자본주의는 르페브르가 주장하는 것처럼 마르크스 이후 100년 동안 공간을 정복하고 변형했다.[1] 특히 근대적인 도시의 형성으로 전통 공간에서 형성되던 사회적 관계가 탈장소화(disembedding)하는 동시에, 도시라는 공간에서의 합리적 삶의 관계로 재장소화(re-embedding)했다. 근대적 도시화로 인간관계, 생활 양식, 거래 방식, 규제 양식 등에서 합리성을 근간으로 비이성적·감성적·초월적인 것들이 거세되었다.[2] 근대 도시의 세속화와 합리화는 도시화 과정과 맞물려 표현되었는데, 베를린, 뉴욕, 런던 같은 대도시들은 근대화의 절정기인 19세기 후반부에 철저히 세속적 공간으로 변했다. 세속 도시의 등장은 유토피아적인 새로운 사회의 건설을 꿈꾸게 했다. 자본이 고도로 집중되면서 인간관계를 비롯한 사회적 계층과 지리적 관계들이 경제와 정치 논리에 의해 점거되고, 영적이며 초월적인 것의 중요성에 대한 인식

1   Henry Lefebvre, Frank Bryant tr., *The Survival of Capitalism* (London: Allison and Busby, 1976), 21. 최병두, 『근대적 공간의 한계』(서울: 삼인, 2002), 16에서 재인용.
2   조명래, 『현대사회의 도시론』, 216-217.

이 사라지기 시작했다.[3]

　서구에서 도시는 신의 권위에 역행하여 탄생한 인간의 욕망적 공간이다. 구약성서에 나오는 가인이 건설한 에녹성이나 바벨탑이 대표적인 예이며, 『하나님의 도성』(*De Civitate Dei*, CH북스 역간, 2016)에서도 자기 사랑을 특징으로 하는 "땅의 도시"를 신을 향한 사랑에서 분리된 결과로 이해한다. 근대의 도시 사상가들은 인구 밀도가 낮고 촌락같이 안락한 공간을 이상적인 도시로 꿈꾸었는데 그 대표적인 예가 에버니저 하워드(Ebenezer Howard)의 전원 도시(garden city), 르 코르뷔지에의 빛나는 도시(radiant city), 프랭크 라이트(Frank Lloyd Wright)의 평원 도시(broadacre city)다. 이들은 과학의 엄밀성에서 비롯한 진보적이고 발전적인 도시를 그렸으며, 전통적 도시를 해체하고 완벽한 직선과 계산에 의한 도시의 꿈을 실현하려 하였다. 근대 도시가 구현하려던 유토피아는 어쩌면 종교가 제시하는 구원의 꿈을 이룰 상상 속의 도시인지도 모른다. 그렇다면 인간의 이성에 기댄 장밋빛 상상은 과연 도시를 통하여 어떻게 구현되었을까? 세 명의 도시설계가를 통해 알아보자.

3　Marian Burchardt, Irene Becci, "Introduction: Religion Takes Place: Producing Urban Locality," *Topographies of Faith* (Leiden, Netherlands: Brill, 2013), 6.

도시의 기획자들

에버니저 하워드는 영국의 도시계획 학자로서 1898년 전원 도시의 도면과 원리를 담은 책을 출판하였다. 더 나은 삶의 성취를 위한 사회 개혁을 갈망했던 하워드는 영국 사회의 두 가지 긴급한 과제인 살기 좋은 넓은 공간 확보와 노동력 활용을 두고 고민한다. 그는 인구가 도시로 밀집되는 것을 막기 위해 주민들을 농촌으로 복귀시키기 원했고, 도시와 촌락 사이의 적절한 균형 모델을 제안하며 대안적 도시 모델을 구상했다. 하워드의 도시설계는 인간적 가치의 실현을 최우선으로 한다. 그는 대도시로부터 독립된 소도시들을 창조하고 거주지와 직업 현장을 결합했다. 구체적으로 인구는 3만 5천 명을 넘지 않게 하고, 땅은 방사형으로 개방되게 하고, 구심점으로 정원을 배치함으로써 도시와 촌락의 장점을 결합했다.[4] 하워드가 추구한 도시와 촌락의 균형은 보다 지속 가능한 공동체를 만들기 위한 것이었다. 그는 전원 도시의 세입과 그 징수 방법, 지출과 행정, 자치제 대행 사업 등에 관해 구체적으로 기술했고, 토지의 균등성을 강조함으로써 사회 정의 문제를 해결하려 하였으며[5] 도시의 가난

---

4   김성도, 『도시 인간학: 도시 공간의 통합 기호학적 연구』(서울: 안그라픽스, 2014), 244-245. Ebenezer Howard에게 소도시는 인간이 맺는 광범위한 관계의 상징이며 과학, 예술, 문화, 종교의 연대다. 그리고 촌락은 신의 사랑과 인간에 대한 보살핌의 상징으로 모든 건강, 풍요, 지식의 근원이다.

5   김성도, 『도시 인간학』, 247.

한 이들도 전원 도시의 주택에서 거주할 수 있는 유토피아적 공간을 제시하려 했다. 하지만 전원 도시는 자본주의 사회의 진보적 재건을 위한 장치이며 공공 소유라는 이상적 네트워크를 통해 이루어지기에, 이런 비전은 정부와 당국의 강력한 정책에서 출발해야만 한다.[6] 그리고 도시가 외곽에 독립적으로 건설되면 시민들 사이의 대화의 장이 사라지고 시민 스스로 도시를 재건하거나 새롭게 하려는 의지를 잃게 하며 얼굴을 마주하는 공동체를 형성하지 못한다는 한계가 있다. 결국 이러한 도시의 꿈은 시민의 책무 의식과 상호적 삶을 불가능하게 할 것이다.

한편 미국의 도시화 담론을 이끌었던 인물은 프랭크 라이트다. 그는 미국 사회의 민주주의에 기초하여 개개인의 이익과 행복을 최우선으로 고려한 주택과 도시 건설을 제안한다. 라이트가 자신의 기획을 "평원 도시"(broadacre city)라고 부른 것은, 한 사람당 최소 1에이커에서 몇 에이커 정도의 여유 공간이 필요하다고 보았기 때문이다.[7] 그는 1931년부터 1935년까지 이상적인 도시 프로젝트를 고안하고 1935년에 거대한 축소 모형으로 전시했다.[8] 라이트는 민주주의를 사회의 탈정치화와 결부된 완고한 개인주의로 이해했기에, 주택은 언제나 개인적이어야 한다고 생각하여 집단 거주지인 아파트 양식을 지양했다. 단독 주택 건설에

---

6   Timothy J. Gorringe, *A Theology of the Built Environment*, 173.
7   1에이커는 약 1,224평으로 대략 축구장 절반의 넓이다.
8   Frank Lloyd Wright, *When Democracy Builds* (Chicago, IL: University of Chicago Press, 1945) 56. 김성도, 『도시 인간학』, 256에서 재인용.

도시를 어떻게 구원할 것인가?

는 각각 최소 4에이커의 대지가 필요하며 거주자들은 농업과 같은 다양한 여가에 시간을 활용한다. 노동 장소는 주택과 인접하게 하거나, 전문화된 소형 중심지에 아틀리에 작업장, 개인 사무실 등을 통합한다. 평원 도시는 획일적 공간 구성과 배치를 지향하며 개인의 삶에 집중할 수 있는 진보주의적 모델을 보여주는 모형이다.[9]

평원 도시에서는 모든 사람이 태어나면서부터 일정한 몫의 토지를 할당받는다. 따라서 평원 도시는 과거와 미래의 병치이며, 제퍼슨식 민주주의의 이상이 근대적 테크놀로지와 미래적 비전의 차원에서 새로운 의미를 획득한 것이라고 볼 수 있다. 이 기획은 효율성과 인간성의 표준을 제공하려 한 것이다. 라이트는 인간을 값싼 투기의 재산 조각으로 만든 도시화의 폐해를 지적했으며 그 근본 원인이 임대(rent)라고 여겼다. 그래서 임대 없는 도시를 제안하고 모든 인간이 동등하게 땅을 소유하게 함으로써 경제적 대리관계와 정신적·지적 대리관계를 철폐하려 했다.[10]

르 코르뷔지에는 『도시계획』(Urbanisme)에서 도시를 완벽하고 신성한 공간으로 건설하기 위하여 기하학이 필요하다고 주장한다. 그에게 도시설계는 자연과 맞서는 인간의 행위이며, 하나의 세계를 창조하는 것과 같았다. 도시는 인간의 활동을 위한 도구이며 직선의 선처럼 인간

---

9   김성도, 『도시 인간학』, 258.

10   위의 책, 262.

의 생각과 경험을 지배하는 사회적 산물이다.[11] 근대 도시는 직선적 형태와 성질에 의해 유지되고 있다. 건물, 하수구, 차도, 보도뿐 아니라 근대의 건설과 교통은 직선과 직선적인 것을 필요로 한다. 직선은 근대 도시성을 가장 잘 설명하는 형태로, 계측이 가능하고 효율성을 극대화시킨다. 직선은 인류의 모든 역사와 모든 의도 속에, 인류의 모든 행위 안에 있다.[12] 르 코르뷔지에는 도시가 기하학적이지 못해서 죽어간다고 봤다. 공간에 건물을 짓고 도시를 설계하는 것은 삐뚤고 기묘한 땅을 반듯하고 똑바른 땅으로 대체하는 일이다. 반듯한 설계는 표준화와 완벽성을 추구하며, 그 결과는 건물의 대량 생산이다. 반듯한 설계는 또한 도시라는 작품에 도입하는 기하학이고, 기하학은 건축의 본질 그 자체다.[13]

미셸 푸코(Michel Foucault)가 지적하듯이 근대는 합리적 지식을 힘으로 삼던 시기다. 근대 도시는 수학 문제를 푸는 정밀한 계산처럼 질서 정연하게 계획되고 건설되었다. 르 코르뷔지에에게 자연은 혼돈된 것이며 정복의 대상이었다. 자연에 생명을 불어넣어 주는 것은 질서의 정신이며 인간은 자신의 안전을 위해 환경, 곧 존재와 생각이 일치될 수 있는 보호구역을 만들어간다. 직선의 질서가 도시를 지배하였고, 순수한 공간을 창조하기 위해 곡선보다 직각과 직선이 선호되었다. 르 코르뷔지에는 곧

---

11   Le Corbusier, *Urbanisme*, 정성현 역, 『도시계획』(파주: 동녘, 2003), 7-10.
12   위의 책, 24.
13   위의 책, 182-183.

다가올 도시는 가공할만한 기계로 무장한 힘센 황소와 같고, 정확하고 무수한 기계를 갖춘 공장과 같을 것이라고 말했다.[14]

근대의 도시설계가와 건축가들은 물리적 공간을 새롭게 구상하거나 창조하는 역할을 넘어 종교적인 힘과 영향력까지 취하였다. 도시의 제사장으로 활동한 르 코르뷔지에와 그의 조직적인 목소리를 잘 따랐던 시암(CIAM, Congrès international d'architecture moderne)은 1920년에서 1940년대까지 개개인의 이익을 최소화할 뿐 아니라 개인을 도시계획의 주도권에서 제외하면서 도시 전체를 통제하려고 했다.[15] 도시설계가들이 만든 새로운 에덴은 근대인의 희망과 정치적 이상을 담은 하나의 메시지라는 점에서 확실히 '복음'과 같은 것으로 받아들여질 수 있었다. 르 코르뷔지에와 더불어 프랭크 라이트 등의 근대 건축가가 주문을 외듯 내뱉은 진술 속에서 그 같은 메시아니즘을 감지하는 것은 어렵지 않다.[16]

이러한 도시설계가들의 모더니즘적 사고라는 시대적 한계나 설계에 쏟은 수고를 참작하더라도, 그 결과로 나타난 도시의 부정적인 모습과 폐해를 지적하지 않을 수는 없다. 모든 잘못의 근거를 근대성에 돌릴 수는 없으나 몇 가지 교훈을 얻을 수는 있을 것이다. 우선 인간의 합리적 사고와 계획을 통한 사회의 구현이 잘못된 것은 아니지만, 인간의 존재

---

14   Le Corbusier, 정성현 역, 『도시계획』, 74.

15   Leonie Sandercock, *Mongrel Cities*, 29.

16   김성도, 『도시 인간학』, 85.

문제에 대한 본질적 고민과 공동체성의 구현 방법에 대한 논의가 필요하다. 또한 과학적 계산으로 파악할 수 없는 가치와 의미, 영적이고 정서적인 부분을 담아낼 방법을 고민해야 한다. 기술 발전과 사회 진보를 통해 자리 잡은 낙관적 세계관은 희망을 주는 듯했지만 도시의 어두운 면을 감추기에는 부족했다. 고도로 자본화된 사회, 정신적 삶을 잃어버린 도시민의 일상, 파편화된 사회의 단면은 우리가 놓친 부분이 있음을 보여준다.

도시의 근대성 비판

지그문트 바우만(Zygmunt Bauman)은 근대가 얻은 시공간의 확장성과 속도감은 무엇보다도 공간을 정복하는 무기가 되었다고 본다. 그리고 시공간 사이에 벌어지는 근대의 투쟁에서 공간은 고체이고 둔감하고 고집이 세고 수동적인 것으로 인식된다고 했다. 그는 근대의 속성을 가장 잘 보여주는 것이 제러미 벤담(Jeremy Bentham)의 파놉티콘(원형 감옥)이며, 공간을 정복하고 그 공간 안에 있는 사람들을 감시·통제하는 시스템이 "상호 결속 시대의 종말"을 보여준다고 했다.[17] 계몽주의 이후 이성을

---

17   Zygmunt Bauman, *Liquid Modernity*, 이일수 역,『액체근대』(서울: 강, 2009), 18-21. Bauman은 "고전적 비판 이론들이 목표로 삼았던 근대성과 그 인식론적 틀은, 오늘

중심으로 하는 근대적 삶은 모두 도시적 변용을 통해 이룩되었다. 도시는 근대성을 제조해낸 틀일 뿐 아니라 근대성을 가장 명료히 담아내는 장이다. 근대성과 도시는 서로를 반추하는 거울이다. 근대성은 비인격화, 탈인간화, 법칙화, 화폐화, 도구화, 권력화 등의 결과를 낳았다.[18] 근대성이란 자본주의의 출현과 함께 정치, 경제, 문화 등의 총체적 사회 과정 속에서 형성된 생활 경험과 생활 양식을 의미한다. 그것은 마치 우리에게 진보와 기쁨, 꿈과 희망을 주는 것 같았지만 그 이면에는 두려움과 우울, 좌절감과 절망이 자리한 야누스적 메시지였다. 개발의 이면에는 탈인간화, 범죄, 오염, 혼잡, 불평등, 소외 등 근대화의 숨겨진 갈등이 표출되어 있으며, 도시는 근대성의 산실이자 그것이 가장 선명하고 구체적으로 드러나는 장소다.[19] 근대화와 도시화가 선사했던 무한 성장과 팽창의 신화가 서서히 무너지고 있다. 이제는 지역 공동체의 붕괴, 공간의 불평등성 탄생, 자본화된 도시, 시민의 기계적인 삶을 두고 고민해야 한다.

제인 제이콥스(Jane Jacobs)는 어떻게 강력한 공권력이 물리적·형이상학적으로 도시에 씻을 수 없는 상처를 입혔는가를 자세히 기술한다.[20]

을 사는 세대들의 삶을 구성하는 근대성과는 너무나도 다른 것인데, 과거의 근대성은 '무거운 것'으로, 고체의 특성을 지닌 응축되고 체계적"인 것이라고 했다. 이것은 특성상 전체주의가 될 경향이 다분하다. 같은 책, 43.

18   조명래, 『현대사회의 도시론』, 206.
19   Mike Savage, Alan Warde, *Urban Sociology, Capitalism and Modernity*, 김왕배·박세훈 역, 『자본주의 도시와 근대성』(파주: 한울아카데미, 2012), 5-6.
20   김성도, 『도시 인간학』, 439.

그는 근대적 도시계획이 지배적이던 당시,『미국 대도시의 죽음과 삶』을 통해 사회적 자본(social capital), 용도의 복합(mixed uses), 거리를 바라보는 눈(eyes on the street)과 같은 새로운 개념을 제시하면서 근대적 도시계획의 폐해를 지적한다. 그는 오래된 도시가 쇠퇴하거나 새로운 비도시적 도시화로 쇠락하는 것은 불가피한 일이 아니라 도시 건설 및 설계의 이론과 실천 연구를 게을리 한 결과라고 말한다.[21]

제이콥스는 생명체가 활력이 있는 도시를 좋은 도시로 꼽으면서 그 활력을 만들어내는 것이 다양성이라고 했다. 또한 도시 공간의 다양성은 자연스러운 현상이며, 공간을 따로 분리하여 운영하는 것이 아니라 여러 용도를 결합 혹은 혼합해야 한다고 주장했다.[22] 그에 따르면 도시의 거리와 지역의 다양성을 위해서는 네 가지 조건이 필요한데, 첫째, 도시의 각 지역은 여러 가지 기능을 함께 수행하면서 다양한 이유로 사람들이 마주할 기회를 제공해야 하며, 둘째, 대부분의 블록이 짧아서 모퉁이를 둘 기회가 많아야 하며, 셋째, 경제적 수익이 다양하도록 오래된 건물을 비롯하여 다양한 연수의 건물이 섞여 있어야 하고, 마지막으로 공간 안에 있는 사람들의 밀집도가 충분해야 한다.[23] 도심 재개발로 사라지는 작은 골목과 블록과 오래된 건물은 사실 도시의 다양성을 유지할 뿐 아

---

21   Jane Jacobs, *Death and Life of Great American Cities*, 유강은 역,『미국 대도시의 죽음과 삶』(서울: 그린비, 2010), 25.

22   위의 책, 202.

23   위의 책, 210-211.

니라 수많은 이야기가 재생성되고 기억되는 보고이기 때문이다. 효율성과 경제성의 관점에서 도시를 바라본다면 그런 공간은 사라져야겠지만, 도시는 가치와 감정의 엮임으로 되어 있음을 기억해야 한다.

노후한 도심의 재개발은 슬럼 문제를 근본적으로 해결하지 못하는 '슬럼을 옮기기'(slum shifting)이거나 '슬럼 감추기'(slum immuring)일 뿐이다. 1945년부터 연방 주택 법안이 시행되면서 수천만 달러가 도시 재생 사업에 투입되어 슬럼가를 불도저로 밀어내고 초고층 프로젝트 건설을 진행하였다. 그러나 제이콥스는 슬럼 문제를 진정으로 해결하는 방법은 가난한 사람을 쫓아내고 재개발하는 것이 아니라, 주민들의 자구적 노력에 행정 기관의 도움이 더해져 주거 환경과 경제 여건을 서서히 개선해나가는 탈슬럼화(unslumming)뿐이라고 했다.[24] 슬럼화는 지역을 경제적·문화적·교육적으로 낙후되게 할 뿐 아니라 인간의 정서적·심리적·신체적 삶에도 큰 영향을 미치고 시민들의 덕성 함양에 큰 장애가 된다. 이처럼 낙후된 환경이 인간의 사회적 삶에 부정적인 영향을 미친다면, 반대로 건강한 환경은 긍정적인 영향을 줄 수 있을 것이다.

지역 환경의 설계는 지역의 정체성 형성과 밀접한 관계가 있다. 제이콥스는 특히 좋은 도시를 '걷기 편한' 거리와 환경으로 규정했다. 약 400m 안에 이웃들이 자리하고, 거리에는 학교, 교회, 우체국 등 만남의 장소들이 적절하게 위치해야 한다. 이러한 제안은 얼굴을 마주하는 삶

---

24   정석, 『도시의 발견』(서울: 메디치, 2016), 51-52.

(face to face)이 가능한 공동체라는 목표를 근간으로 하며, 이익 공동체가 아닌 생활 공동체(Gemeinschaft)의 모형에 가깝다.[25] 다양한 건물과 보도가 엮이면서 안전성과 생기를 더하고, 서로 연결되어 서로를 지탱하고 공존하며, 거리를 통해 그 혈액이 사방으로 흘러가는 모습을 생각해보라. 이처럼 제이콥스는 도시를 생명체로 보았는지도 모른다.

앙리 르페브르의 도시에 대한 권리

앙리 르페브르의 연구는 '일상생활'(everyday life)로부터 출발한다. 그는 '일상'이 자본주의적 삶의 방식에서 소외된 영역이지만, 동시에 새로운 혁명의 장(field)일 수도 있다는 이중적 관점을 제시한다. 일상이 도시화 과정에서 근대의 도시성으로 물들면서 영성과 관계성, 공동체성을 상실한 채 파편화되고 자본화된 개인주의로 함몰해버렸다는 것이다.[26] 그에게 일상생활이란 매일 반복되는 삶이 아니라 순환적 시간에 따라 일정한 리듬 내지 주기(cycle)를 형성하는 하나의 순환적 흐름이다. 그는 현대인이 일상을 똑같은 습관의 반복으로 생각하는 것이, 일상을 부정적으로 그리는 근대성에 포섭된 결과라고 이해했다. 일상생활은 우리에게 제대

---

25   Timothy J. Gorringe, *A Theology of the Built Environment*, 175.
26   신승원, 『앙리 르페브르』(서울: 커뮤니케이션북스, 2016), vi-vii.

로 인식되지 않은 영역으로서, 일상에 대한 비판은 일상을 둘러싼 제도와 사회 규칙을 포괄하는 정치적 삶에 대한 근본적 비판과 동일하다. 그것은 자본주의로 인해 왜곡되고 소외되어버렸다.

일상의 '소외'가 발생하는 것은 자본주의 사회에서 궁극적으로 욕망이 완벽하게 충족될 수 없어, 일상이 항상 무언가에 종속되어 있기 때문이다. 이것을 일상생활의 식민지화라고 표현한다. 르페브르에게 혁명의 핵심은 이러한 일상생활을 바꾸는 것이며, 모든 혁명은 본질적으로 아래로부터, 즉 일상생활로부터 시작되는 것이어야 한다.[27]

'도시에 대한 권리'(le droit à la ville) 개념은 1960년대 르페브르의 주장에서 비롯된다. 그는 당시 프랑스에 도시화가 진행되면서, 농촌과 옛 프랑스 식민지 사람들이 도시로 몰려옴으로써 도시가 팽창하고 주택 가격이 폭등해 서민들의 삶이 피폐해지는 것을 보고 고민한 결과로 이런 개념을 제안하였다. 서민의 불만이 높아지자 프랑스 정부는 교외에 대규모 임대 주택 단지를 건설하는데, 이는 후에 사회적 약자를 도시의 중심에서 배제하는 결과를 가져오게 된다. 이때 외곽으로 쫓겨나간 시민들은 대규모 주택 건설을 비판하면서 진정한 주거의 기능을 보장하는 거주권을 강력히 주장한다. 르페브르가 주창한 도시권은 누구나 도시가 제공하는 편익을 누리고 도시 정치와 행정에 참여하며 자신들이 원하는 도시를 만들어갈 권리를 말한다. 그는 도시 공간에 대한 '전유'(appropriation)

---

27   위의 책, 36-41.

의 권리를 주장하면서, 토지 소유권이 없더라도 도시 공간에 대한 사용권이 있는 것이며 정책 결정 과정에 동참할 수 있어야 한다고 주장했다.[28] 앙리 르페브르는 도시에 대한 권리가 자본주의적 도시화에 대항하고 나아가 세계화 시대의 도래로 비로소 실현 가능해진 유토피아에 대한 요구를 보여준다고 봤다. 산업화로 넘쳐나는 잉여 가치가 다시 도시의 부동산에 투자되었고, 그 결과 도시 공간은 소비의 장소이면서 동시에 소비의 대상인 이중적 공간이 되어버렸다.[29] 도시 공간이 자본주의적 생산 양식으로 다시 생산될 때, 노동 착취에 의한 이윤 같은 자본주의의 모순이 반복되며, 축적의 논리에 따라 부동산은 하나의 고도화된 상품으로 전락한다.[30] 르페브르는 도시의 성장과 발전에 따라 소외 계층이 도시 주변부로 밀려나는 현상을 보면서, 노동자들이 도심을 자신의 것으로 되찾도록 하고 이를 통해 도시의 정치적 자율성과 사회적 삶의 가치를 끝까지 지키려고 했다. 68혁명이 일어날 당시, 프랑스는 국가 주도의 공간 구획으로 도시의 중심부를 금융 산업 공간이나 지배층의 향유를 위한 공간으로 변화시켰다. 68혁명 동안 노동자들은 도시 중심부를 재탈환하겠다는 목소리를 냈으며 그들이 외친 구호가 곧 '도시에 대한 권리'였다.[31]

---

28   위의 책 중 강현수, "삶의 공간을 지키고 보호할 권리", 65-66.
29   곽노완, 『도시 정의론과 공유도시』(서울: 라움, 2016), 12.
30   조명래, 『현대사회의 도시론』, 130-131.
31   신승원, 『앙리 르페브르』, 46-50.

근대화된 도시 공간의 가장 큰 특징은 불평등이다. 도시마다 역사적 특수성을 띤 발전 과정이 있겠으나, 대부분은 중심에서 변두리로 갈수록 지대는 하락하고 경제적·사회적·문화적 격차가 발생하여 지배층과 평범한 시민 사이의 괴리감이 심해진다. 공간의 불평등은 시카고학파가 '도시의 격리 현상'으로 모델을 일반화했는데, 도시 생태학자 어니스트 버제스(Ernest W. Burgess)는 이를 동심원 모델로 설명한다. 그는 도심을 둘러싸고 형성되는 몇 개의 지대를 설정하여 중심 지역 - 경공업 지역 - 저소득층 지역 - 중간 계층 지역 - 고소득층 지역 - 통근자 지역으로 구분하였다. 이를 바탕으로 다양한 격리 모델이 등장하면서 전문화된 활동을 수행하는 중심 지역에서 외곽으로 뻗어나가는 다른 유형들이 도식화되기 시작했다. 이러한 격리에 인종, 재산, 교육 수준 등의 차이가 더해지면서 도시 공간의 차별성이 강화되었다.[32]

도린 매시는 도시 공간의 불균등과 관련하여 특정 공간이 어떻게 여러 재구조화 유형에 의해 영향 받는지를 개념적으로 분석한다.[33] 여기서 흥미로운 것은 도심과 거리가 다소 떨어진 교외 지역의 개발인데, 가장 먼저 부르주아, 그 후 중간 계층, 종국에는 노동자 계층까지 교외로 나가서 살게 된다. 그러나 교외화 현상(suburbanization)은 다시 도시 공간의 불균등을 강화하여, 도심 지역이 낙후하면서 노동자와 저소득계층만

---

32   Mike Savage, Alan Warde, 김왕배·박세훈 역,『자본주의 도시와 근대성』, 88-90.
33   위의 책, 70-71.

남는 결과로 이어진다. 그러면 다시 도심 재개발 붐이 일면서 도심 재활성화(gentrification, 슬럼가의 고급 주택화)로 인해 도시 공간은 불평등이 강화된다.[34] 도시 공간은 단순히 물리적인 장소가 아니라 사회적 힘의 산물로서, 계층, 젠더, 섹슈얼리티, 인종, 연령, 장애와 같은 다양한 사회적 권력 관계가 응축되어 나타나는 장이며, 그 자체로 사회적 공간이다. 실제로 공간이라는 프레임을 통해서 보면 권력 관계의 분포와 배치가 세밀하게 드러나기에, 공간의 문제는 사회적 불평등, 사회 정의, 인권 및 생태 문제와 맞물리지 않을 수 없다.[35]

도시 외곽으로의 소외는 도시를 분리하는 결과를 초래했다. 근대는 분리와 차별을 통하여 각자의 정체성을 강화하는 방식으로 발전하는데, 도시 공간도 마찬가지다. 근대적 도시 공간은 개인의 고독과 군중의 결합 사이에 모순을 발생시켰고, 산업화를 통해 시간과 공간의 다양한 분열과 분리를 초래하고 노동자와 자본가 사이를 불평등한 관계로 만들었다. 그리고 이는 나아가서 기계화된 리듬의 삶으로 이어졌다. 르페브

---

34 gentrification은 서구에서 70년대 이후 진행된 재구조화 과정에서 쇠락했던 도시 중심부에 고소득층용 호화 주택이 들어서는 현상을 가리키는 말이다. 모든 개념이 그렇겠지만 이 역시 역사성을 지닌 용어이므로 적절한 번역어를 찾기가 쉽지 않다. 그동안 '재활성화', '도시 회춘' 등으로 번역된 바 있는데 여기서는 슬럼화되었던 도시의 내부가 새롭게 바뀐다는 의미를 강조하기 위해 '도심 재활성화'로 통일하였다. 위의 책, 101.

35 SSK 공간주권 연구팀 엮음, 강현수 외 8인, 『공간주권으로의 초대』(파주: 한울아카데미, 2013), 11-12.

르는 『리듬분석』(Eléments de rythmanalyse, 갈무리 역간, 2013)에서 자연적 시간이 기계적으로 측정되면서 도시민의 일상은 시간 소비적 행태로 바뀌고 수치화·정량화·도구화된 삶으로 진입하면서 무한히 반복되는 특징을 지니게 됐다고 하였다. 르페브르는 그리스 철학이 도시들을 탄생시켰으므로 도시 공간을 현상학적으로만 보지 말고 도시를 철학적으로 사유해야 하며, 도시 공간을 하나의 총체성으로 인식해야 한다고 했다.[36]

공간은 하나의 본질이며 플라톤적 관념이다. 공간은 물리적으로 고정된 실체를 넘어 다양한 특징을 함의하는데, 이러한 공간적 전회를 가장 잘 보여주는 르페브르는 공간을 생산된 공간, 사회적으로 만들어진 공간으로 이해한다.[37] 공간이 사회적으로 만들어진다면 또한 변화의 가능성도 있음을 알 수 있다. 그는 도시 공간의 본질적 관계를 분석하면서 공간의 다양성과 함께 정치적 공간·종교적 공간·문화적 공간·사회적 공간이 어떻게 대립하고 협력하는지에 관심을 둔다. 도시는 도시민과 자연의 공동 작품이다. 공간의 전유란 이러한 작품으로서의 공간을 차별 없이 실질적으로 향유하는 것을 의미한다. 그렇기에 도시에 사는 누구라도 인종, 성별, 민족이나 재산의 유무에 제한받지 않고 도시 문제 해결에 참여할 수 있어야 한다.[38]

---

36   위의 책, 326-327.

37   Jörg Döring, Tristan Thielmann hgs., 이기숙 역, 『공간적 전회』 중 Edward Soja, "시대정신에서 공간정신으로: 공간적 전회에 대한 새로운 왜곡들", 295.

38   신승원, 『앙리 르페브르』, 51.

데이비드 하비에 따르면 자본은 다양한 방식의 도시화 과정을 통과하면서 재생산되며, 자본의 도시화는 결국 자본가 계급의 권력이 도시 형성 과정을 지배할 능력이 있음을 전제로 한다. 르페브르의 도시권 개념을 넘겨받은 그는 도시권에 대한 요구가 도시 공간의 형성 과정에 행사하는 권력, 즉 우리가 살아가는 도시를 만들고 뜯어고치는 방법을 지배할 권력을 요구하는 것이라고 했다. 자본주의 사회에서는 소수의 특권층이 국가 기관은 물론이고 주민들의 삶 전체를 실질적으로 지배하기 때문에 도시 형성 과정은 정치, 사회 및 계급 투쟁이 일어나는 주요 장소가 된다.[39]

　도시의 자본화 과정에서 가장 큰 피해를 보는 공간은 공유지다. 공유지는 점차 사유화, 통제, 감시의 공간으로 전환된다. 공원, 거리, 공공시설 등 공동의 이익과 목적을 위한 장소들이 개인과 기업의 영역으로 전환되면서 독과점의 불균등한 공간이 탄생한다. 데이비드 하비는 도시 공간의 불균등한 발전을 이론적으로 분석했다. 그는 자본주의 사회에서 상품으로서의 토지의 독특성을 명확히 하면서, 상대적으로 오래 지속되는 물리적 유산을 통해 수익을 계속 창출한다는 점에서 자본 축적에 도움이 된다고 보았다. 이러한 건조 환경(built environment)에 대한 투자는 도시 재구조화와 경제 재구조화 사이의 연계성을 보여준다. 나아가서 특

39　David Harvey, *Rebel Cities*, 한상연 역, 『반란의 도시』(서울: 에이도스, 2014), 33, 122.

정 장소에 투자한 자본의 이동을 방지하고자 경제적·정치적 투쟁을 벌이는 세력들의 주체가 누구인지를 고려할 필요가 있다.[40]

비인간화된 도시민의 삶

게오르그 짐멜(Georg Simmel)은 현대인이 고대 게르만족 자유인이나 농노와는 비교할 수 없이 많은 공급자와 공급원에 의존하며 살아가지만 그 관계는 돈에 의한 것이라고 보았다. 돈은 생산 분업화를 가능케 하고 수많은 인간관계를 맺어주며 삶에 의미와 가치를 부여하고 정신적·정서적 영역에까지도 영향을 미쳐왔다.[41] 현대적 정신은 점점 더 계산적으로 변해왔다. 삶의 계산적 정확성은 화폐 경제가 이룩한 것으로서, 세계를 계산 문제로 환원하고 세계의 모든 부분을 수학 공식으로 표현하려는 자연 과학의 이상에 부합한다. 화폐가 지닌 계산적 본질로 인해 삶의

---

40 Mike Savage, Alan Warde, 김왕배·박세훈 역, 『자본주의 도시와 근대성』, 65-67. David Harvey는 도시의 공공성을 확보하는 차원에서 공유재의 사유화와 공간 통제, 치안 유지가 도시의 삶에 영향을 미치기에 공유재가 중요하다고 보았다. 공유재는 오랜 시간 구축되어온 것으로서 모두에게 개방적이어야 한다. 도시의 공공 공간과 공유재를 향한 투쟁은 여전히 진행 중이며 광장과 거리에서 그것들을 놓고 다양한 방식의 투쟁이 펼쳐지고 있다. 위의 책, 127-140.

41 Georg Simmel, 김덕영·윤미애 역, 『짐멜의 모더니티 읽기』(서울: 새물결, 2005), 16-33.

요소 간의 관계에서 동일한 것과 동일하지 않는 것을 규정하는 정확성과 확실성, 약속과 명확성이 삶을 지배하게 되었다.[42]

짐멜이 바라본 대도시의 삶에서 가장 큰 특징은 바로 화폐 경제다. 그는 인간관계까지 돈을 매개로 하면서 실제적 상호 작용이 물질화되고 주체적인 삶을 포기하게 된다고 비판한다. 그는 "대도시와 정신적 삶"(The Metropolis and Mental Life)에서 대도시에 집중된 인구의 양적 특징이 화폐 관계를 매개로 어떻게 질적 특징으로 바뀌고 있는지를 설명한다. 그는 "도시의 인격성"(urban personality)이 지적이고 계산적이고 무감각하며 소극적 성향을 띤다고 비판하였고, 도시의 각종 상징과 기호의 집중적인 폭격으로 인해 도시민들은 감각의 과부화를 통해 정신세계가 수동적으로 내면화된다고 보았다. 짐멜은 이런 도시의 인격성을 그려내면서, 궁극적으로 대도시 삶의 정신적 황폐화와 탈인간화를 나타냈다. 대도시 특유의 정신적 삶의 근본에는 결국 근대성이 있다.[43]

이것을 보여주는 대표적인 예는 1955년 미국 미주리주 세인트루이스에 세워진 '프루이트 아이고'(Pruitt-Igoe)라는 2,870세대의 대단지 아파트다. 일본계 미국인 건축가 미노루 야마자키(Minoru Yamasaki)가 설계한 이 단지는 한때 '미래 도시의 모범'이라고 칭송받았다. 그는 합리성과 이성을 절대 가치로 믿는 근대주의라는 시대정신에 따라 33개 동의

---

42   위의 책, 39.
43   조명래, 『현대사회의 도시론』, 92.

아파트를 균일하게 배치했으며 흑인과 백인 가구의 지역을 나누고 모든 공간을 기능과 효율로 재단하여 분류했다. 그러나 세탁이나 육아를 담당하는 공동 공간은 환기와 채광이 제대로 되지 않아 사람들이 찾지 않았고, 급기야 그 공간에서 마약 사건이나 강간 및 살인 범죄가 발생하기 시작한다. 게다가 계급으로 분류된 세대들은 계층 갈등을 불러 결국 단지 전체가 인종 분규와 도시 범죄의 소굴이 되고 말았다. 결국 1972년 세인트루이스 시 당국이 다이너마이트로 단지 전체를 폭파하면서, 포스트모더니즘 건축가 찰스 젱크스(Charles Jencks)의 말처럼 모더니즘 건축은 종말을 고하게 된다.[44]

짐멜은 대도시화 과정에서의 삶과 정서적 상태를 사회학적·철학적으로 분석하면서 19세기 베를린 시민들을 연구한다. 그는 자연적 삶이 사라지고 그것이 인공적 삶으로 대체된 도시 안에서 개인의 삶이 상당히 위협을 받고 중성화되고 있다고 지적하면서, 시민의 삶이 소비자의 삶으로 규정되는 폐해를 고발한다.[45] 소도시는 정서적 관계에 의존하는 반면, 익명성과 다양성 가운데 있는 대도시는 화폐를 기반으로 비인격적 관계 맺기를 선호하고 정확성, 계산 가능성, 치밀성의 지적 활동을 중심으로 작동한다.[46] 이탈리아의 마르크스주의자 안토니오 그람시

---

44 승효상, 『보이지 않는 건축, 움직이는 도시』(서울: 돌베개, 2016), 35-36.

45 최문규, "대도시의 환등상과 배회자", 「독일언어문학」 50(2010), 118.

46 Georg Simmel, *Jahrbuch der Gehe-Stiftung*, 김덕영·윤미애 역, 『짐멜의 모더니티 읽기』(서울: 새물결, 2005), 35-40. Georg Simmel은 도시의 크기에 비례해서 정신적

(Antonio Gramsci)는 포드주의(fordism)라는 용어를 만들면서 대량 생산 방식이 이탈리아 사회의 가정생활에까지 영향을 미친다고 했다. 포드주의의 대량 생산, 대량 소비가 도시민들의 삶을 동질화시켰다는 것이다. 발터 벤야민(Walter Benjamin)은 파리를 통해 근대성을 규명하려는 시도에서, 파리가 자본주의 전성기에 등장한 바빌로니아의 재림으로서 소비와 사치의 천국이 되었다고 비판한다. 그에 따르면 파리는 단순히 물질적인 도시가 아니라 환각이 공간화된 도시이며, 파사주(passage, 파리의 상점가)들은 상품을 숭배하는 신화를 만들어낸다. 상품은 탈주술화된 세계를 다시 주술화하고, 합리화를 통해 신화와 결별한 시대의 새로운 신화로서 도시를 장악했다.[47]

　　도시 안에서 개인은 자기의 개인적 욕구를 만족시키는 차원에서 타자에게 의존할 수밖에 없기에 그런 상호의존적 관계의 파괴는 고립과 갈등을 불러일으키는 요인이 되기도 한다.[48] 자본주의의 도시화 과정을 통해 형성되고 발전한 현대 도시의 근본적 문제는 도시인이 피로가 누적된 채 살아간다는 것뿐 아니라, 정체성이나 장소감을 상실한 채 떠돌

이고 심리적인 삶이 개별화된다고 보았고, 도시의 규모가 커질수록 개인들의 자유는 증대되면서 도시를 장악하던 종교, 길드, 학교, 정치 등의 억압에서 해방되는 무수한 개체가 발생한다고 지적한다.

47　　홍준기 엮음, 노명우 외 9인, 『발터 벤야민: 모더니티와 도시』(서울: 라움, 2007) 중 노명우, "벤야민의 파사주 프로젝트와 모더니티의 원역사", 47.

48　　김성도, 『도시 인간학』, 293.

도시를 어떻게 구원할 것인가?

이 생활을 하게 된다는 점이다.[49] 막스 베버(Max Weber)도 『도시』(*The City*)에서 도시의 본질을 성찰하는데, 특히 도시의 정신성에 주목했다. 도시에서는 온갖 종류의 사람이 서로 이해하지 못한 채 만나고 뒤섞이는 일이 빈번하므로 도시 거주자는 심리적 동질성의 부재를 경험한다.[50]

타자와의 관계에서 발생하는 내면의 부정적 인성이 도시 안에서 개개인에게 상당한 영향력을 주고 있음을 감안할 때, 근대 도시는 인간을 점점 황폐하게 만들어가고 있는 것이 분명하다. 물론 이 모든 문제의 해결책을 종교에서 찾을 수는 없지만 하나의 대안이나 통찰을 주기에는 충분하다. 종교를 통해 근대성이 간과해온 인간의 영성, 초월성, 가치의 문제들을 어떻게 복구할 수 있을지를 살펴야 한다. 자본화된 도시에서 인간은 근대적 먹이 사슬의 피해자이자 가해자이며, 내면이 황폐화된 채로 타인을 도구화하는 비인격적 삶을 살아가게 된다. 인간의 행복조차 수치화되고 계량화된 우리의 현실에서, 도시는 유토피아가 아닌 통제된 파놉티콘인지도 모른다.

---

49   최병두, 『근대적 공간의 한계』, 89.
50   김성도, 『도시 인간학』, 304.

3장

영미권 건축

근대 도시의 출현 이후 삶의 초월적 의미와 가치에 대한 인식이 상실되면서 도시 공간은 인간의 욕망과 거짓된 상상들로 채워지게 된다. 이에 도시의 종교들은 물리적 차원 외에도 깊은 성찰을 요구하는 심미적·영적·형이상학적 차원에서 공적 참여를 할 필요가 있다. 기독교와 그리스도인들이 추구하는 영원성은 세상의 종말에 이루어지는 것이 아니다. 그것은 우리 안에서 시작되는 것으로서 하나님의 생명을 부여받은 이들에게는 언제나 현재적이다. 계시록에서 요한이 보았던 거룩한 도시, 새 예루살렘의 비전은 하나님으로부터 이 땅에 임하게 될 나라의 최종적 완성이지만 우리는 그것을 미래에 일어날 일로 생각하기보다는 창조주와 구원자 되시는 하나님과의 관계성 안에서 이 땅에서 성취되는 것으로 이해할 필요가 있다.

존 밀뱅크는 세속 사회의 허구적 진리를 고발하는 대안 도시(*altera civitas*)로서 교회를 제안할 때, 아우구스티누스의 『하나님의 도성』에 나온 개념을 차용하여 임시적 땅의 도시와는 다른 존재론적 교회 공동체를 제안한다. 교회 공동체는 특별한 이야기를 통하여 형성된 존재 가치와 의미를 내포하고 있으며, 땅의 도시에 대한 '대항적 역사'(counter-history), '대항적 윤리'(counter-ethics), '대항적 존재론'(counter-ontology)을 통하여 새로운 도시의 전형을 보여준다.[1] 급진정통주의 신학은 도시 문제를 고민할 때 교회의 사회적 참여와 실천을 제안하기 이전에 그것을 신학 본연의 자리로 끌고 들어와 사유하기 시작한다. 곧 아우구스티누스와 아퀴나스의 전통에 따라 도시 문제들을 비판하고 근대 도시가 하나의 구원 왕국을 건설하려는 기획이었음을 폭로하며 그 허무성을 지적한 뒤에 대안을 제시하는 것이다.

건축가, 도시의 새로운 제사장

호세 카사노바(Jose Casanova)의 말처럼 근대 국가와 교회는 목적이 같은데, 그것은 바로 인간 구원이다. 물론 두 입장에서 말하는 구원의 개념과 의미에는 차이가 있다. 근대 국가가 제시하는 구원은 삶의 안정과 평화와 번영이며 이것은 교회의 구원론과 대치되는, 교회 구원론의 아류로볼 수 있다.[2] 근대와 기독교는 일종의 채무 관계인 동시에 모조품과 진품의 관계다. 근대는 교회의 패러디이며 교회와 복음을 새로운 복음과 시스템으로 왜곡한 모방이거나 뒤틀린 모조품이다. 근대 국가에서는 군왕

---

1   John Milbank, *Theology and Social Theory: Beyond Secular Reason* (New York: Blackwell, 1993), 380-381.

2   John Milbank, Catherine Pickstock, Graham Ward eds., *Radical Orthodoxy: a New Theology* (Abingdon, UK: Routledge, 2001), 182.

이 하나님의 성례전적 임재를 대신하고 미사를 집전한다. 그리스도의 몸은 왕의 몸으로 대치되었으며 성찬 공동체는 공화국으로 대체되었다.[3] 미국은 종교를 대체한 국가 시스템의 전형적인 예를 보여주는데, 신성한 나라라는 생각을 실재처럼 보이게끔 하기 위하여 직접 경험할 수 있는 신성한 장소들을 만들었다. 미국에서 신성한 장소들은 교회나 성당이 아니다. 필라델피아에 있는 독립 기념관, 렉싱턴에 있는 리 장군의 묘, 뉴욕에 있는 그랜트 장군의 묘, 그리고 워싱턴 시의 주(州) 기념물 같은 곳이다.[4] 종교적 신성함을 국가적 신성함으로 전환하여 국민의 정서와 공동체성을 동일하게 유지하도록 한 것이다.

급진정통주의 신학은 근대 국가와 도시의 체제를 정면으로 반박한다. 이성으로 완성된 체제는 본질적 구원을 가져올 수 없으며 실상은 근대성의 환상 안에 현대인을 가둬놓고 있음을 폭로하면서 근대성의 신화를 벗겨내고 그 이면의 어두운 진실을 파헤친다. 특히 급진정통주의가 주목하는 것으로서 정서와 감정의 차원에서 공간에 영향을 미치는 것은 거짓 욕망과 그것을 실현하는 사회 체제다. 캐서린 픽스톡은 송영적 폴리스(doxological polis)와 초월에 대한 인식만이 자본적·언어적 타락(debasement)으로부터 인간을 구원할 수 있다면서, 영원성이 상실된 공간

---

3   Graham Ward, *True Religion* (Malden, MA: Blackwell, 2003), 43. James K. A. Smith, 한상화 역, 『급진 정통주의 신학』, 178에서 재인용.

4   Yi-Fu Tuan, *Space and Place: The Perspective of Experience*, 구동회·심승희 역, 『공간과 장소』(서울: 대윤, 1995), 285.

은 추상적이며 불확실성에 빠질 수 있다고 지적한다.[5] 급진정통주의는 도시를 물리적인 공간으로 바라보는 대신 영적이고 추상적인 다양한 의미와 가치가 충돌하는 공간으로 이해한다. 그러면서 거짓된 영과 허무적 영성이 아닌 성례전으로 연결되고 거룩한 욕망이 있는 창조적 공동체인 교회를 대안으로 제시한다.

하워드의 전원 도시나 라이트의 평원 도시, 르 코르뷔지에의 빛나는 도시는 영원한 욕망의 도시이면서 모두 종말론적 신의 도성에 대한 패러디다. 세속화된 사회에서는 도시설계가와 건축가들이 새 예루살렘의 제사장이 되었으며 도시계획은 은밀한 자연 신학이 되었다. 세속 도시의 이면에서 작동하고 있는 이러한 신학의 은밀한 작업들은 도시 내의 여러 관계에 대한 종합적 재해석을 요청한다.[6] 국가를 교회의 패러디로 봤던 그레이엄 워드는 다른 사회적 단위인 도시에 대해서도 풍부한 해석을 제공한다. 워드는 세속 도시의 이중적 패러디를 고발하는데, 근대 도시는 영원을 향한 열망을 지니는 동시에 종말론적 도시로서 새 예루살렘을 패러디하고 있다고 말한다. 끝없는 욕망의 모던 도시들은 피조물들의 욕망을 명확하게 드러내며 그들의 세속적 본성을 폭로한다. 캐버너와 워드는 근대 도시의 기획이 종교적 성격을 띠고 있으며, 세속 근대성의

---

5   Catherine Pickstock, "Spatialization: the Middle of Modernity," *The Radical Orthodoxy Reader* (2009), 155.

6   Graham Ward, *Cities of God*, 40-41.

인간론과 존재론이 교회의 그것과 대조적인 종교성을 띤다고 비판한다. 세속의 근대성은 세속적 에덴동산을 건설하기 위한 문법과 목적을 지니며, 도시설계가들은 유토피아적인 '이질적 도시'(heteropolis)의 비전을 보는 밧모섬의 요한이 되었다.[7]

도시설계가와 건축가들은 '종교 없는 종교'의 새로운 제사장이다. 그들의 지식과 상상은 센트럴 파크(Central Park)라는 에덴 낙원을 꿈꾸며, 크리스털 팰리스로 불리는 유리 아케이드로 된 쇼핑 공간은 빛과 개방성을 취하면서 영원과 무한을 향한 인간의 종교적 신념에 대한 신적 응답을 표현한다. 세속 도시에서 교회는 중심과 변두리 사이에 애매하게 위치한다. 근대 도시에서 하나님 나라의 모형으로서 에덴을 건설하는 일은 도시설계가들의 몫이 되었다. 하워드와 같은 도시설계가의 작품은 사회적 약자들이 새로운 거주지와 건물을 통하여 천국의 전원 도시에 직접 들어갈 수 있을 듯한 인상을 준다. 중요한 것은 그러한 전원 도시가 하나의 육체적 공간의 패러다임으로서 디즈니랜드의 전조가 된다는 사실이다. 그 후 20세기 영국 건축은 미국의 도시 미화 운동(City Beautiful Movement)의 영향으로 시민 센터, 큰 도로나 공원과 같은 가시적인 공간의 설계로 발전하게 된다.

레이몬드 언윈(Sir Raymond Unwin)은 근현대 도시의 개발 과정과 그 과정에서 일어나는 현상을 보면서 거기에는 도시 역사가들의 중세 공

---

7   위의 책, 33-36.

동체에 대한 회상적 이상향이 남아 있다고 보았다. 이러한 변화 과정에서 놓치지 말아야 하는 것은 협력적 삶과 삶의 선한 것들을 공유하고자 하는 정서로서, 이는 신학적 프레임, 비유적 세계관, 공동체적 가치관들이다. 하지만 현대의 설계가들은 신학적 우주론을 수치로 대체하였고, 건축가와 제작자들은 그것을 구체화했다.

프랭크 라이트는 건축이 곧 자연이고 자연이 곧 건축물이 되는 새로운 장을 열었다. 그는 1935년에 나온 에세이 "평원 도시"(Broadacre City)에서 가장 좋은 건축은 인간의 성장이 그러하듯 가장 유기적인 형태의 건축이라고 했다.[8] 하워드의 전원 도시와 함께 라이트의 평원 도시는 마치 자연 질서와 같은 정치적 평등주의를 지향한다. 평원 도시에는 자연 신학이 함께 작동하여 인간이 존재한다는 것 자체로 태양과 공기에 대한 권리를 가지듯이 땅에 대한 권리도 가진다. 이러한 라이트의 비전은 르 코르뷔지에의 빛나는 도시 개념과도 연결된다. 르 코르뷔지에에게 빛은 개방적이고 투명한 이미지의 건축물의 모티프가 된다. 빛의 현현은 종말론적 인식으로서 자크 데리다(Jacques Derrida)가 취했던 "사진의 즉시성"(photographic instantaneity) 개념과 같으며 자기 현존을 의미한다. 밀뱅크와 워드는 르 코르뷔지에의 '빛'이 종말론적 지평에서 숭고함에 호소한다고 보았다. 유리 타워는 하늘의 방주에 도달하게 하며 도

---

8   위의 책, 38-39.

도시를 어떻게 구원할 것인가?

시의 중심에 위치하면서 언제나 상상적 열망과 초월을 표현하는데[9] 이것은 마치 요한계시록에 등장한 새 예루살렘과도 같다. 빛이 없지만 빛 되신 그리스도를 중심으로 도시의 완전함과 온전함을 추구하는 종말론적 이상이 현대 도시설계가들의 기획을 통해 구현된 것이다. 성전이 없는 새로운 도시는 마지막 때의 왕국을 의미한다.

현대 도시설계가는 유토피아주의자들이고 그들의 구체적 관심은 물질적인 것에 있다. 특히 건축가 르 코르뷔지에나 루트비히 미스 판 데어 로에(Ludwig Mies van der Rohe)의 글을 보면 그들이 욕망하는 환상을 볼 수 있다. 그들은 단지 도시의 건물, 길, 공원, 쇼핑몰만 설계하는 것이 아니라 시민들의 생활 양식을 설계한다. 도시설계가들은 좋은 삶에 대한 시민들의 인식을 형성하는 과정에 상당한 영향력을 행사한다. 그들은 특히 구원의 한복판인 도시 중심부의 삶으로 들어가려 하며 이상적 미래를 꿈꾸고 부와 권력과 더 나은 삶을 창조하려 한다. 그들은 자기 이름을 위해 계몽주의의 형이상학적·정치적 이상을 합성 유리, 콘크리트, 철제 건물로 만들어낸다. 거대한 도시들의 유리 타워는 세속의 성좌로서 크리스털 팰리스의 공간이며, 아케이드로서 즉각적·직접적 자기실현의 증언이다. 그것들은 빛과 공간으로 구성되며 중세의 거대한 고딕 성당과 같다. 그곳은 천사들의 집이고 권력자의 장소로서 인간에게 제한 없는 거대한 의미를 제공하고 인간성을 완성한다. 어쩌면 우리는 오늘날 도시

---

9   위의 책, 40.

를 천사들의 도시로 인식하는지도 모른다. 근대는 즉각적이고 죽음을 잊은 현재성에 모든 것을 건다. 우리는 육체적 죽음에서 벗어나 도시의 꿈이 실현되는 미래적 인간 존재로 안내된다.[10] 종교 없는 종교의 제사장들이 펼치는 유토피아주의의 세계는 육체를 초월하는 육체성을 추구하는 근대적 기획의 끝판왕이다.

땅에 건설된 유토피아

신의 부재(*etsi Deus non daretur*)로 채워진 도시는 빛으로 장식되면서 공간적 조화를 이루고 탈시간적인 모습을 갖춘다. 특히 르 코르뷔지에는 1920-70년대의 건축을 이끌면서 인간의 노력으로 세울 수 있는 완벽함을 이루려 했다. 건축물과 도시는 우리의 깊은 종교적 열망들을 충족하도록 설계되었고, 빛, 형태, 조화가 건축의 핵심 요소가 되었다. 르 코르뷔지에는 수학적 진리와 보편성, 영적 기하학을 끌어들여 건축물을 세워가고 도시의 선(goodness)을 구축했다. 그래서 이제 인간은 부활의 삶을 살아가게 되었다. 종말의 현존과 구원은 교회 없이 도시를 통해서 완성된다. 빛과 공간은 인간 존재가 번영하도록 그들의 위대한 잠재력 안에서의 깨달음을 통해 자유의 감정을 창조한다. 이런 도시는 하나님의

---

10   Graham Ward, *The Politics of Discipleship*, 214.

도시를 어떻게 구원할 것인가?

도움이 필요 없고 도덕적·영적·미적 가치가 설계가들의 손에 달려 있다고 판단한다. 도시의 열망은 높은 건물의 숭고함 안에서 초월성을 구체화하는 것이다. 인간은 타워의 전망을 통해 숭고한 행복감을 얻을 수 있다. 르 코르뷔지에의 빛의 도시는 초월적이고 숭고한 미적 도시로서 빛, 공간, 자유, 조화가 건축물들의 중심을 관통한다. 이런 도시는 상상의 도시이며 세속적 환상을 표현하며 사이버 공간을 통해 더욱 신격화(apotheosis)된다.[11] 영국의 대영박물관은 거대한 유리 돔과 철골로 건설된 상징적인 건물로서 교회를 대신하면서 중세 고딕 성당을 연상케 했다. 투명한 아크릴 벽으로 건축되어 기술적 고딕 양식을 완성했고 포스트모던적 흐름을 보여준다. 그 궁전에서 우리는 세속적 파라다이스의 숭고함과 초월을 경험하게 된다.[12] 발터 벤야민 역시 도시가 주는 근대적 경험이 인간에게 구원의 가능성을 제공한다는 점에 동의했다.[13]

인간의 합리적 이성과 기술이 구원의 도시를 완성할 수 있다는 가능성을 열어놓으면서, 도시는 인간의 종교적 성취 욕구를 충족해주는 공간이 되어갔다. 도시는 교회도 없고 하나님도 없는 공간이 되었으며 인류 그 자신이 하나님을 대신하게 되었다. 일의적 존재론과 함께 실현된 종말론은 초월을 향한 그 어떤 관련성도 폐쇄해버리고 도시를 통해 종

---

11   Graham Ward, *Cities of God*, 41.

12   Graham Ward, *Cities of God*, 35.

13   Mike Crang, Nigel Thrifeds., *Thinking Space*, 최병두 역, 『공간적 사유』(서울: 에코리브르, 2013) 중 Mike Savage, "발터 벤야민의 도시사상: 비판적 분석", 74.

말론적 도래를 패러디하면서 그것을 현재적으로 실현할 수 있음을 증명한다.[14] 캐서린 픽스톡도 근현대 도시가 이상적인(ideal) 플라톤적 관념 안에 놓여 있으며 그러한 흐름은 도시설계와 건물 배치, 정부의 구조에서도 그대로 나타난다고 비판했다. 도시설계가들은 도시를 순수한 공간적 특징으로 이해하면서 개개인의 행복과 만족을 극대화할 수 있는 방향으로 설계하려 했다. 도시의 정치도 완벽한 삶을 실현할 수 있다는 착각으로 법과 제도를 구현하려 했지만 결국 허무주의에 이르고 말았다.[15] 합리적 이성을 토대로 하는 데카르트적 도시 개념은 완전히 내향적인 (interiorized) 특징을 지니며, 순수한 이성과 동질화된 건축 구조를 지향하면서 성찰적이고 인격적인 측면을 약화할 우려가 있다.

땅에 건설된 유토피아는 온전한 공간일 수 없으며, 그러한 도시와 장소는 결국 불완전함으로 무너질 수밖에 없다. 아우구스티누스의 두 도시 이미지를 보면 그는 근대적 관념처럼 도시를 단선적 공간으로 이해하지 않는다. 그에게 도시는 경계선으로 규정된 공간이 아니라 서로의 관계와 욕망의 불명확한 섞임과 혼재의 장이다. 땅에 건설된 유토피아 공간은 결국 인간의 욕망을 극대화하는 장이다. 교회는 땅의 도시의 폭력적 비극을 타파하고 하나님의 도시를 건설할 대안을 제시한다. 아우

---

14   James K. A. Smith, 한상화 역, 『급진 정통주의 신학』, 186.

15   Catherine Pickstock, "Spatialization: the Middle of Modernity," *The Radical Orthodoxy Reader*, 165-168.

구스티누스는 로마가 진정 자유롭고 평화로운 공적 공간을 구축하는 데 실패했다고 보면서 하나님의 도시를 진실된 공적 공간으로 제시한다.[16] 다니엘 벨도 자본주의로 구성된 경제가 가치 중립적인 것이 아니라, 인간의 기본적 갈망이나 욕구들을 하나의 종교적 비전으로 삼고 숭배하게 한다고 비판한다. 자본주의에서는 하나의 제품이 다른 실질적 이해에 봉사하기 위한 하나의 수단이나 도구로서만 존재하는 것이 아니라 오히려 인간의 욕망 그 자체를 충족시키기 위해 존재하게 된다. 자본주의의 세계화는 전 지구적 불평등을 야기했고 욕구의 창조적 구조를 왜곡했다.[17]

그레이엄 워드는 이 땅의 도시가 문명의 상징들로 이루어져 있으며 도시의 문화는 개인과 사회와 우주의 질서들 사이의 관계를 총합해서 보여주는 것이라고 하였다. 이러한 도시는 인간의 영원한 열망과 희망의 표현으로 건설된, 끝없는 욕망의 결정체로 이해할 수 있다. 그전까지는 교회를 중심으로 사람들의 정서와 사회적 에토스가 형성되었다면, 현대 도시는 신자유주의와 소비 문화를 중심으로 그들의 욕망을 자극하고 충족하는 방향으로 흘러가고 있다. 거대한 쇼핑몰과 레저 시설이 교회와 성당의 자리를 대신하고 있으며, 디즈니랜드와 같은 테마파크는 현실 세계를 벗어난 새로운 유토피아로서 인간이 상상할 수 있는 최고의 공간

---

16   William T. Cavanaugh, *Migrations of the Holy* (Grand Rapids, MI: William B. Eerdmans, 2011), 58-66.

17   Daniel Bell, *Liberation Theology after the End of History* (Abingdon, UK: Routledge, 2001), 70-71.

을 제공했다.[18] 소비의 공간 안에 머물러 있는 인간의 삶은 현실적이지 않은 공간의 여행 속에 있다. 소비의 사원은 도시 안에 있지만 도시의 일부는 아니며 일상적인 세상이 일시적으로 모습을 바꾼 것이 아니라 완전히 다른 세상이다. 소비의 공간은 분명 도시의 순례자들을 위한 공간이며 '장소 없는 장소'로서 모든 면에서 마치 종교 의식을 치르는 상상 속의 공동체적 공간과 같다.[19] 도시는 인간들의 기술과 열망을 총체화한 구조물로서 하나님의 자리에 인간이 올라 앉아 자신들만의 이상적 공간을 구현하려 한 결과다. 이러한 이상적인 도시들은 근대의 도시성 (urbanism)과 과거의 유토피아니즘을 추구함으로써 이 땅에 올 하나님 나라를 대체하려 했다.[20]

오늘날 도시는 보다 신학적인 초월성의 울림의 장이며 종말론에 영감을 받은 실제적 결과물이다. 도시는 세계화의 형이상학과 신학에 완전히 참여하고 이 참여의 중심에는 도시를 움직이는 자본이 있으며, 돈은 비-물질화와 권력의 지배를 둘 다 포함한다. 새로운 초월성은 돈으로 무한한 권력의 가능성을 만들어내면서 법, 제한, 규범, 도덕, 정치, 경제, 사회 등의 모든 영역을 초월한다. 돈은 '무한'을 강조하면서 영원한 천국을 세우려는 도시의 욕망과 연결된다. 자본의 목적은 자기 확장/확대이

---

18 Laurie Green, Christopher Baker eds., *Building Utopia?*, 115-116.

19 Zygmunt Bauman, 이일수 역, 『액체근대』, 160-164.

20 Timothy J. Gorringe, *A Theology of the Built Environment*, 19.

도시를 어떻게 구원할 것인가?

며 문화적 유행에 뿌리를 두고 탈정치화된 초개인주의와 신자유주의 경제를 기반으로 번영을 추구한다. 신이 부재하고 모든 희망은 인간의 노력에 있으며 기술적인 발전에 의존하는 도시는 철저히 돈에 종속되어 있다. 자본의 도시는 덕스러운 시민의 성장을 위한 자리가 아니다. 이런 도시에서 거주자들은 선을 향한 초월적 도덕의 가치와 정의로운 상품의 분배에 관심을 두지 않으면서, 아름답고 숭고하고 초월적인 미적 가치를 추구한다. 이러한 윤리 없는 미는 환상적 마취제가 된다.[21] 땅에 건설된 유토피아는 인간 욕망의 결집체다. 이처럼 허무를 향해 달려가는 도시의 정신과 시민의 삶을 정화할 장치들이 필요하다. 왜곡된 욕망을 선한 방향으로 이끌 수 있는 장으로서 새로운 공동체성과 인간성 형성을 위한 작업이 필요하다.

끝없는 욕망의 소비와 육체화된 삶

세속 권력자들은 끝없는 욕망의 도시를 건설한다. 동시에 시민들에게 도시적 환상을 주입하고 황홀한 과대 선전으로 사치스러운 쾌락을 약속하면서 유혹한다. 그러한 약속과 유혹은 현대의 도시적 삶에서 리비도적인 기능을 담당한다. 자본 시장은 우리 모두를 더 강력한 소비자로 만들기

---

21   Graham Ward, *The Politics of Discipleship*, 215.

위해 소비 욕망을 자극하고, 도시의 부동산들은 소비의 장으로 재편성되면서 끝없는 욕망의 만족을 위한 놀이공원으로 바뀐다.[22] 욕망의 황홀경을 향한 에로스는 단순히 성적 목적을 위한 것이 아니라 탐닉적이고 자아 충족적인 왜곡된 감각의 구원을 허락하면서 도시를 장악해간다. 끝없는 욕망을 패러디하는 포스트모던 도시들은 초월적 욕망을 채우기 위한 작업으로써 도시를 왜곡해간다.[23]

욕망적인 인간은 사랑이라는 방향성을 가진 존재다. 어떤 대상을 향한 그의 근본적 욕구는 사랑(에로스)을 통해 자아를 충족시키는 것이다. 이러한 욕구는 하나님 자신의 욕구가 그러하여 발생한 하나님의 선물이기에, 인간은 송영적 자아로 나아갈 때만 왜곡된 욕구를 극복할 수 있다. 인간의 욕구와 에로스를 성적인 것, 리비도적인 것으로 환원하는 세속의 사상을 거부하고 그리스도인의 욕구가 어떻게 세속의 욕구와 다른 방식으로 작동하는지 보여줄 필요가 있다.[24]

포스트모던이 모던(근대)과의 단절 또는 그것의 연장이라고 하는데, 둘의 전제에는 연속성이 있으며 특히 존재론과 인간론에서 그러하다. 포스트모던에서 인간은 자율적 이성으로 사고하는 주체이자 세속의 종교성으로 스스로를 구원할 수 있는 탈신화화된 존재다. 그러나 워드는 인

---

22   Graham Ward, *Cities of God*, 53-56.

23   James K. A. Smith, 한상화 역, 『급진 정통주의 신학』, 187.

24   Graham Ward, *Cities of God*, 76.

간을 하나님이 창조하신 형상을 한 욕구적 인격으로 보았으며, 하나님을 향한 우리의 욕구는 하나님의 형상으로 변화되는 구속을 통해 삼위 하나님의 욕구 안에 참여할 때 올바르게 회복될 수 있다.[25] 끝없는 인간의 욕망이 유토피아적 비전과 새로운 도시를 향한 동기를 제공한다면, 기독교는 인간의 세속적 욕망을 건강한 방향으로 전환하려 한다. 워드는 올바른 욕망, 즉 인간을 향한 하나님의 욕망으로의 전환을 주장한다. 그리스도인들은 자유주의적이며 세속적인 국가에 대하여, 변증을 하기보다 국가의 우상숭배적 성격을 폭로하면서 자유 시장에 스며든 잘못된 신학의 세계화를 두고 탄식해야 한다.[26]

영원한 열망을 지닌 오늘날의 도시는 새로운 인간 존재의 신념들을 성찰하면서 '우리의 뜻'이 이 땅에서 이루어질 수 있음을 선포한다. 자본주의, 인문주의, 세속주의가 발전할수록 도시는 하나님의 의도와 멀어지고 있다. 인간은 메트로폴리스를 기술적으로 만들어내는 데 전력을 다하면서, 뉴욕과 시카고의 고층 건물과 같은 유리, 시멘트, 철로 만들어진 자랑스러운 건축물(발기)로 도시를 채우고 있다. 도시의 개발자들은 신이 권좌에서 물러나고 인간이 거기에 오른다면 거대한 도시들을 통해 인간의 천재성이 구현될 것이라고 보았다. 그것은 신이 부재한 국가이고

---

25   위의 책, 172.
26   James K. A. Smith, 한상화 역, 『급진 정통주의 신학』, 188.

교회 없는 도시인데, 이유는 그 안에서 구원을 이루어내기 때문이다.[27]

인간의 삶과 몸(육체)은 다양한 상호 의존적 부분들로 구성되어 있다. 그러나 세속 사회에서는 철저히 욕망에 따른 계약에 근거한 개개인의 자유를 강조하는 독립체를 구성하여 자아를 마치 기계의 한 부속물처럼 인식하게 한다. 홉스가 국가를 "인공 국가"로 묘사할 때 그는 인간을 계약적 관계, 기계론적 몸의 개념으로 전락시켰다.[28] 이러한 인공의 메커니즘은 경제와 문화 속에서 인간을 거래 상품으로 둔갑시킨다. 인간의 몸을 마치 하나의 아바타처럼 브랜드화·코드화시키고 가상 네트워크 사회 안에서 환영의 이미지와 메타포를 소비하다가 결국 허무주의의 형이상학으로 나아가게 한다.[29] 욕망의 추구는 결국 자아의 추구로 이어지면서 상호성을 배제하게 되고 도시의 사막처럼 황량한 공간 속에서 외로워하는 자신을 만나게 한다. 도시의 유토피아적 이상은 결국 인간을 해방하는 것이 아니라 다시 인간을 구속해 모두를 계약의 대상과 욕망의 경쟁자로 이해하게 만들어버린다. 결국 도시의 인간은 교회와 국가, 양쪽으로부터 그 어떤 구원을 얻지 못하는 변방의 존재로 전락하고 만다.

도시의 미적 호소는 자신을 예배의 대상으로 만들어가려는 시도다.

---

27   Graham Ward, *Cities of God*, 38.
28   위의 책, 229.
29   위의 책, 232.

도시를 어떻게 구원할 것인가?

도시는 다문화화·다원화로 인해 폭력의 기초가 마련되고 있는 한편, 도시를 숭배하는 새로운 형태의 시민 종교를 만들려 하고 있다. 미학적 건축물, 쇼핑몰, 레저 시설의 유혹은 시민의 욕구를 자극함으로써 잠재된 폭력을 지배하려는 시도다. 루이스 멈포드(Lewis Mumford)는 메소포타미아와 이집트 초기 도시의 성장과 영광에 관해 기술한 후 경고의 말을 덧붙인다. 근동의 초기 도시 문명화도 오늘날과 같이 기술적 발전의 중심부에 있는 악덕(목적 없는 물질주의)에 의한 것임을 잊지 말아야 한다는 것이다. 영혼에 대한 도시의 투쟁은 인간 문화의 형성 여부와는 무관한 투쟁이다. 그런데도 도시의 사회적 상상은 끊임없이 문화를 통해 더 좋은 삶의 방식을 인식할 수 있다는 가능성에 의해 지배되어왔다. 교회는 이런 투쟁에 참여하면서 좋은 삶이 무엇인지 알려야 하고, 사회적 삶을 풍성하게 하는 기회를 창출하는 동시에 다양한 종교적 실천으로써 경건한 삶을 성찰하도록 해야 한다.[30]

세속적 시민의 삶은 형이상학과 물질주의의 영향으로 탈인간화 과정을 겪고 있다. 초월성의 부정과 가치 및 의미 공간의 상실은 결국 시민들을 물질적 존재, 탈가치적 존재로 내몰면서 내면과 정서를 황폐화하였다. 워드는 세속 도시 속 시민의 삶의 특징을 크게 두 가지로 설명하는데, 첫째는 '목적으로서의 몸'의 상실로 몸의 본래적 의미가 소실된 것이고, 둘째는 그 결과로 '육체와 형이상학', '물질주의와 영성', '자연과 문

30   위의 책, 218.

화'가 이분법적으로 분리되면서 몸의 격이 낮아지고 몸이 상품화될 뿐 아니라 비인간화되었다는 것이다.[31] 결국 욕망을 소비하는 인간은 자기 자신을 소비함으로써 허무한 존재로 전락하고 말 것이다.

---

31   위의 책, 222.

100

도시를 어떻게 구원할 것인가?

4장

상서의 도시,
이중적 지하상

이스라엘의 역사는 장소에 관한 역사다. 하나님과 인간의 만남은 구체적인 장소를 토대로 전개되었으며, 창조와 구속의 모든 과정도 땅 위에서 이루어졌다. 성서는 에덴동산에서 시작하여 새 예루살렘으로 끝난다. 에덴은 창조세계를 향한 하나님의 비전과 이상이 구체적으로 드러나는 장소이고, 새 예루살렘은 종말론적 비전이자 하나님의 도시가 완성된 모습이다. 동산에서 도시로 가는 성서의 여정에서는 타락과 구속의 반복적 흐름을 볼 수 있다. 이스라엘 백성이 땅을 얻기 위해 믿음을 가지고 여행을 떠난 후, 약속의 땅을 얻기 위해 전쟁하고, 다시 빼앗기는 시간의 반복이 나타난다. 그것은 땅을 얻었다가 잃어버리고 또다시 되찾기를 희망하는, 땅의 상실과 획득의 역사다. 야웨는 땅의 주인이며 땅은 야웨가 부여한 세계 질서의 일부로서 그곳에서 살아가는 모든 사람을 돌보시는 하나님의 섭리를 보여준다. 성서는 성스러운 공간을 의식하지 않고 살아가는 현대인에게 땅의 신성함과 그 중심으로서의 성소, 그리고 교회의 참된 원형으로서의 하나님 나라를 새롭게 선포한다.

인간은 하나님을 떠나 자신들의 도시를 이루고 그 공간을 탐욕과 죄악으로 가득 채웠다. 가인이 지은 최초의 성인 에녹성은 살인의 결과물인 동시에 자기를 보호하려는 시도였으며, 바벨탑은 신적 권위에까지 도달하려 했던 대표적 사례다. 소돔과 고모라는 도시의 타락성을 폭로하고, 가나안 도시들은 바알과 아세라에 사로잡혀 있었으며, 아시리아와 바빌로니아는 권력 그 자체의 힘으로 하나님께 대항했던 이방 도시였다. 하지만 하나님의 구원 역시 도시를 통해 구현된다. 하나님은 예수 그리스도를 통해 새로운 예루살렘을 우리에게 보여준다. 도시는 타락의 장이자 다시 회복되어야 할 하나님 나라의 모형이다. 이러한 이중적 자화상은 도시에 새로운 변화의 방향을 제시한다.

야웨, 땅, 이스라엘

월터 브루그만(Walter Brueggemann)은 성서의 장소 의식(sense of place)이 신앙의 중심이 되는 범주라는 의견을 새롭게 내놓았다. 그는 이 장소 의식이, 자기 집을 마다하고 자신의 백성과 우거한 하나님(삼하 7:5-6)과 "머리 둘 곳이 없었던"(눅 9:58) 십자가에 달린 예수의 중심적인 주제라고 말한다. 또한 공간 의식(sense of space)과 장소 의식(sense of place)을 구분하면서 공간은 무의미하고 중립적인, 의미가 부재한 일상의 영역이지만, 장소는 특정한 의미가 있는 영역이라고 말한다. 장소는 역사적 의미가 있는 공간이자 지금 기억되고 있는 곳으로서, 세대를 넘어 연속성과 정체성을 제공하는 사건들이 일어나는 곳이다. 즉, 정체성을 확립하고 소명을 확인하며 운명을 느끼게 하는 의미 있는 말들이 전해지는 공간이 장소다.[1] 이스라엘의 역사는 구체적인 장소에서 출발하며, 그런 만큼 이스라엘 땅에는 다양한 의미가 있다. 성서의 땅인 그곳은 약속된 땅, 차지한 땅, 잃어버린 땅으로서 하나님의 언약과 거룩함을 기억하게 하는 곳이고 하나님의 선물로서 인간에게 임시로 주어진 삶의 장소다.

성서의 땅은 야웨와 함께하는 장소이자, 야웨와 함께한 삶의 기억, 그분의 언약, 그분에 대한 서원 등으로 채워진 장소다. 이스라엘의 역사는 하나님과의 관계에서 땅 없음(landlessness, 광야·포로)과 땅 있음(landedness) 사이의 역사적 변증법에 놓여 있다.[2] 그 역사는 하나님께서 땅을 약속하시고, 백성이 그 땅을 소유했다가, 범죄함으로 다시 땅을 상실하는 식으로 전개된다. 아브라함, 이삭, 야곱은 땅이 없는 이들이었지만 약속의 땅을 향해 나아갔다. 출애굽의 광야에서도 약속의 땅으로 가는 땅 없는 방랑자의 삶이 그려진다. "땅을 주겠다"고 약속했다는 것은 땅의 소유자가 야웨임을 의미한다. 땅(אדמה, ארץ)을 준다(נתן)는 하나님의 말씀은 신명기 곳곳에서 발견되는데, 신명기에 따르면 야웨는 안식과 기업(신 12:9-10), 복(12:15), 소와 양(12:21), 곡식과 비(11:14-15), 성읍(13:12), 성문(24:14), 아들과 딸(28:53)을 주시는 분이다. "토지는 다 내 것임이라"(레 25:23)라고 말씀하신 것처럼 땅의 주인이신 하나님은 특별

---

1   Walter Brueggemann, *The Land: Place as Gift, Promise, and Challenge in Biblical Faith*, 정진원 역, 『성경이 말하는 땅: 선물, 약속, 도전의 장소』(서울: CLC, 2005), 46.
2   위의 책, 12.

히 가나안을 선물로 주신다. 이처럼 땅은 하나님이 주시는 은혜요 선물이다.[3] 인간은 땅에 대한 일시적 소유권과 사용권을 지닐 뿐 영구히 땅의 소유를 주장할 수 없다. 이스라엘 백성은 약속받은 땅을 차지하기 위해 전쟁을 벌였으며, 가나안 주민을 몰아내고 그들의 소유를 박탈한 후 정주하고 안식하는 과정을 보인다.

전쟁을 통해 땅을 차지하는 모습에서 폭력을 통한 인간의 정복 의지를 느낄 수도 있겠지만 이스라엘 백성은 어디까지나 하나님께서 선물로 주신 땅만을 차지한 것이지 제국주의적 열망으로 모든 땅을 정복하고자 한 것이 아님을 기억해야 한다. 이스라엘이 받은 땅은 단순한 정복지가 아니라 야웨께서 다스리는 정치 체제를 실현할 공간으로서, 그들이 하나님 아닌 다른 신을 섬길 때 언약은 파기된다(신 6:14; 7:4; 8:19; 11:16). 땅이 목적이 아니라 하나님과의 언약과 규례가 일차적인 것이고, 그것을 실현할 공간으로서 땅이 선택된 것이다. 이러한 땅에 대한 권리는 땅과의 성스러운 친밀한 관계에 있는 것이 아니라 땅의 소유 조건을 제시한 언약에 기초해 있다. 하나님의 신실한 백성으로서 그분께 충성하고 있을 때 땅을 보유할 수 있다는 것이다.

이스라엘이 땅을 소유한 첫 번째 시기는 요셉이 총리로 있던 애굽시기다. 그들은 애굽에 정주하게 되면서 가장 좋은 땅을 얻었고(창 47:6),

---

3   Gary M. Burge, *Jesus and the Land: The New Testament Challenge to "Holy Land" Theology*, 이선숙 역, 『예수와 땅의 신학』(서울: 새물결플러스, 2020), 37-38.

그곳에서 안전과 번영을 누리며 살았다. 하지만 그 땅은 임시적 공간이었지 그들이 영구히 거주할 곳은 아니었다. 성서는 백성이 오랜 세월 그 땅에 거주한 결과 압제와 노예 생활이 뒤따랐음을 지적한다. 솔로몬 왕 시대의 풍요로운 40년 동안 노예와 같은 생활이 반복되었던 것도 같은 이치다. 오랜 시간 땅에 정주하여 번영하다 보면 억압과 탐욕의 죄를 짓게 되고 그 결과는 땅의 상실과 분열로 이어진다. 그중에서도 포로 시대의 땅의 상실은 예레미야의 비탄에 찬 호소에서 잘 드러난다.

예레미야서는 야웨, 땅, 이스라엘 백성을 밀접하게 연결하는 경향이 있다. 이러한 관계가 예레미야의 반바빌로니아 정책과 장차 땅의 회복을 바라는 이상적 비전을 정당화한다. 발터 침멀리(Walther Zimmerli)는 예레미야서에 나타나는 야웨와 땅의 밀접한 관계에 관해 말하면서 예레미야서의 나의 유산(נחלה)이라는 용어를 설명했다. 그에 따르면 이 용어가 땅과 백성에게 거의 구분 없이 적용되고 있다는 사실에서 이 용어, 하나님의 땅, 하나님이 부른 백성 사이의 밀접한 관련이 인식되고 있다는 것을 알 수 있다. 이스라엘은 하나님의 땅을 신앙적으로 모독하면서 하나님 자신의 소유를 침해하고, 나아가 하나님이 백성과 땅을 심판하도록 요구한다.

예레미야서에 나타난 땅의 이념은, 야웨의 기업인 땅에 관련된 중심적 이미지 분석, 땅을 더럽히는 사회적·제의적·정치적 차원, 야웨와 함께 땅의 고통을 경험하는 예언자의 강력한 동기 및 새로운 사회 질서로 회복될 땅에 대한 환상(vision)을 포함하고 있다. 야웨는 자신이 준 땅에서 이스라엘이 떠나지 않기를 원하셨고(렘 3:19), 백성들을 그 땅에 심었다고(렘 32:41) 말씀하신다. 하지만 이스라엘 백성은 하나님의 땅을 더럽히고 그 기업을 역겨운 것으로 만들었다(렘 2:7). 성스러운 땅에서 바알과 아세라 등의 우상을 섬기고 행음하는 백성에 대한 하나님의 분노가 표출된다. 예레미야는 신앙적 타락 외에도 땅에 사는 가난한 이에 대한 압제라는 사회적 타락이 자행되면서 땅이 더러워진 사실 또한 지적한다. 땅의 오염은 울타리 치기로 볼 수 있는 경계의 옮김, 욕망에 따른 토지 정책으로 이어지는 탐욕, 생태계의 오염으로 이해할 수 있는 더럽힘이라는 세 가지 주제와 관련되어 있다. 이것들은 각각 삶의 지리적·경제적·제의적 차원과 연결되면서, 모두 죽음으로 끝나는 정책으로 이어지게 된다. 땅의 경계를 표시하는 지계석을 옮기는 자들은 가난한 사람들을 함부로 대하는 자들이며, 탐욕이 정책화되면서 가난한 사람들이 소외되고, 생명에 대한 존중이 사라져 공동체는 죽음을 맞이하게 되었다.[4]

이사야는 하나님의 평화로운 도시를 가시적 이미지로 보여주면서, 어린아이들이 뛰놀고 노인들이 영예를 얻으며 하나님이 회복하실 거룩한 도시 안에서 조화와 평화를 누리는 살아간다는 희망적인 메시지를 전한다. 도시의 평화는 정의를 전제로 한다. 그것은 모든 부정의와 차별과 배제로부터 인간을 해방하여 종국에는 조화로운 관계 안에서 윤리적

---

4   Walter Brueggemann, 정진원 역, 『성경이 말하는 땅』, 329.

삶을 살아가도록 인도한다.[5] 샬롬은 도시의 가장 구체적인 비전이다. 하나님 백성인 그리스도인의 일차적 소명은 도시의 평화를 추구하는 것이며 공동체를 통하여 평화로운 도시(shalom city)를 세워나가는 것이다. 그것은 바빌로니아 포로 시절에도, 로마가 이스라엘을 정복한 시절에도 동일한 비전으로 전수되어왔다. 포로 귀환 시대의 이스라엘은 다시 땅에 대한 희망을 품으며(느 9:38) 조상의 죄를 자복한다. 새로운 삶을 살기로 다짐한 그들은 예루살렘으로 돌아와 새롭게 건축을 시작하면서 회개와 함께 새 나라를 향한 희망을 공유하게 된다.

이스라엘과 땅의 관계에는 언제나 변화의 가능성이 있다. 그것은 약속에서 성취로, 풍요에서 광야로, 땅의 소유에서 땅의 상실로 그리고 다시 땅에 대한 희망으로 변화한다. 이스라엘의 역사적 특징은 약속의 추구 과정을 통해 약속을 성취하는 데 있다.[6] 땅의 있음과 없음 사이에는 하나님과의 언약과 이스라엘의 응답이 중요하게 작용한다. 땅의 신성성은 특별한 제의적 의미라기보다 땅의 주인이신 야웨에 근거한 것이며, 그분과의 언약 관계 안에 있을 때 유효하다. 또한 희년법에 나타나는 땅의 안식 개념과 가족의 기업으로 이어지는 토지의 가업적 성격도 인간이 영원히 땅을 소유하는 것이 아님을 잘 보여준다.

---

5   Mark R. Gornik, *To Live in Peace*, 102-103.
6   Walter Brueggemann, 정진원 역, 『성경이 말하는 땅』, 59.

하나님의 대항자로서의 도시

구약과 신약에는 번성과 쇠퇴를 반복하는 수많은 도시가 등장하는데, 도시마다 신앙적 인물과 신앙적 사건이 가득하며 특별히 하나님과의 깊은 연관성이 자리한다. 자크 엘룰은 도시에 이중적 의미를 부여하여, 죄악으로 인해 파멸할 수밖에 없는 곳이면서도 동시에 하나님께서 다시 회복하실 영광스러운 곳으로 소개한다. 그는 먼저 구약의 상당수 도시가 영적으로 타락한 곳임을 간파한다. 도시는 하나님을 떠난 인간이 자기 보호와 안전을 위해 만든 곳으로 출발하기 때문이다.

성서에 등장하는 첫 도시의 건축자는 가인이다. 그는 동생 아벨을 죽이고 도망쳐 성을 쌓았고 그 이름을 에녹(창 4:9-17)이라 했다. 어떤 이들은 이 이야기를 신화로 치부하여 유목 문화와 농경 문화의 투쟁으로 이해하기도 한다. 그러나 중요한 것은 도시의 탄생이 하나님으로부터의 단절에서 비롯된 것이라는 점이다. 가인은 자신의 안전을 위해 적대적인 힘과 싸우는 데 인생을 바친다. 그곳은 또한 자손을 통해 영원한 생명을 이어가려는 욕망의 장소이기도 하다.[7] 그런데 더욱 중요한 것은 그 성의 이름이 에녹이라는 사실이다. 에녹(חנוך)의 뜻은 '출발, 세우다, 추구하다'이다. 이 말은 연결망(network)을 의미하는 레쉬트(רשת)의 반대어로, 새로운 창조가 '자기 자신'으로부터 출발한다는 의미다. 즉, 도시는 에덴

---

7   Jacques Ellul, 황종대 역,『머리 둘 곳 없던 예수』, 38.

과 반대되는 공간이다. 에덴은 하나님이 창조한 공간이지만 에녹은 타락한 인간이 건설한 곳이다. 에덴은 하나님이 중심이지만 에녹은 인간이 중심인 장소다. 또한 성서에서 도시를 지칭하는 이르(עיר)는 도시를 의미할 뿐 아니라 일하는 천사, 땅의 침략자를 의미한다. 이처럼 도시는 단순한 군집과 성벽이 아니라 영적 세력을 중심으로 형성된 곳으로도 이해할 수 있다. 즉, 인간의 영적인 삶을 인도하거나 바꿀 수 있는 공간이라는 것이다.[8] 이런 이해에 따르면 도시는 하나님의 보호를 받는 것이 아니라 인간이 스스로를 보호하고 그들이 원하는 땅의 영의 이끌림을 받는 곳이다.

성서에서 도시와 하나님 간의 단절을 잘 보여주는 부분은 창세기 11장에 나오는 바벨탑 이야기다. 인간은 흩어짐을 면하고 자기 이름을 알리기 위해 탑, 도시를 건설한다. 이 일화의 핵심은 '이름을 알리고자 한 것'이다. 자크 엘륄에 따르면 이름을 스스로 결정하고 붙일 수 있는 힘은 영적인 힘이며, 인간은 스스로 땅을 정복했음을 알리는 기념비와 같은 탑으로서 바벨탑을 건설했다. 엘륄은 이것을 하나님이 붙인 이름대로 인간을 부르지 못하도록 거부하는 방식이라고 여긴다.[9] 도시는 이처럼 영적인 힘이 머물러 있는 장소, 정복과 자만의 장소이며, 인간이 힘과

---

8   위의 책, 43-44.
9   위의 책, 55.

자신의 근원을 두는 장소다.[10] 하나님으로부터 분리된 인간이 스스로 도시를 건설하는 모습은 성서의 다른 부분에도 잘 나타난다. 애굽은 히브리인들을 통해 비돔과 라암셋을 건축한다. 비돔은 '돔의 집'이라는 뜻으로서 이집트의 태양신인 돔을 기리는 공간이다. 이스라엘 백성은 하나님을 향해 끊임없이 대항하는 그 일에 강제로 동원된다. 하나님을 향한 대항은 바로 도시의 건설이며 이는 경제적인 힘, 정치적 자치의 힘, 군사적인 힘을 보여준다. 솔로몬은 성전과 성을 건축한 이후 급격히 타락한다. 하나의 도시를 건설한 솔로몬은 결국 야웨를 버리고 우상을 섬긴다.

하나님을 떠나 인간이 이룬 도시를 향한 하나님의 심판은 예언자들을 통해 분명히 드러난다. 바빌로니아는 세상에서 가장 큰 도시를 상징하고, 하나님의 진노가 그곳에 임한다. 도시 안에 발달한 모든 문명과 산업이 하나님과 반대되는 위치에 서 있다. 바빌로니아는 도시의 모든 병폐를 보여주는데, 화려함과 권력에 취한 모습, 인간의 육체와 영혼까지 소비하는 도시의 타락상이 죽음의 문명이 건설되었음을 잘 보여준다.

성서에 따르면 결국 대도시 바빌로니아와 다른 모든 도시는 무너지게 되는데, 그 의미의 상징적·종합적 특성은 요한계시록에서 잘 드러난다. "그 도시는 영적으로 소돔 또는 이집트라고도 하는데, 곧 그들의 주님이 십자가에 달리신 곳입니다"(계 11:8). 물론 여기서 말하는 도시는 바빌로니아가 아니라 예루살렘이지만, 그곳은 반예수적 정서가 가득한

---

10   위의 책, 60.

곳, 예수를 십자가에 매달아 죽인 장소다. 바빌로니아는 단순한 지리적 장소의 의미라기보다 영적인 의미가 강하다.[11] 아시리아의 도시 니느웨는 요나의 경고에 회개하기는 했지만, 그곳 역시 피의 도시요 거짓과 강포가 가득하며 노략질이 그치지 않는 도시였다. 범죄는 개개인이 하지만 심판은 도시 전체를 향하는데, 이는 도시 자체를 하나의 영적 공동체로 보기 때문이다. 이사야 14장은 바빌로니아를 향하여 "너 아침의 아들, 새벽별아. 네가 하늘에서 떨어지다니! 민족들을 짓밟아 맥도 못 추게 하던 네가, 통나무처럼 찍혀서 땅바닥에 나뒹굴다니!"(사 14:12)라고 말하며, 아모스 1-2장에서도 여러 도시가 범한 죄를 고발한다. 에스겔 22장에서는 우상을 만들어 섬기며 인간의 존엄성을 파괴하는 행위를 한, 피흘린 도성에 대한 심판이 나타난다. 요한계시록 저자는 로마를 가리켜 바빌로니아라고 부르면서, 계시의 연속성 상에서 그 도시가 영적으로 소돔이나 이집트와 같고 자본과 전쟁의 폭력성에 물든 타락한 곳임을 폭로한다. 또한 요한계시록 17-18장에서 심판의 대상인 도시는 음란함과 가증한 것으로 가득하다.

엘륄은 계속해서 대도시의 영적인 힘에 주목한다. 강한 도시에서의 삶은 하나님에 대한 지속적 반역을 의미한다. 그곳에서의 삶은 저항의 연속이다. 인류학적으로도 전쟁은 대도시가 중심이 되어 일어나기에 그

---

11   위의 책, 111.

것은 도시적 현상이며, 자본 및 폭력적 문명과 연결되어 있다.[12] 도시는 지속적으로 자신의 힘을 과시하며, 쇠퇴할 때에도 그러하다. 하나님을 떠난 도시는 그 누구의 도움도 필요로 하지 않고 스스로 충분한 힘과 통치 체계를 갖추고 있다. 엘륄은 도시가 우상의 장소로서 여러 신이 가득한 곳이며, 하나님의 말씀에 대해 가시를 세운 고슴도치라고 비판한다.[13] 도시를 발전시키기 위한 인간의 모든 기술적 유산은 저주 아래에 있어, 설사 선한 의도로 도시를 설계하고 발전시켰다고 해도 이미 그 속에서 수많은 노동 착취가 발생했으며 거주민들의 인간성 파괴가 일어났다.

그러나 이러한 도시 안에 하나님의 백성 이스라엘이 있다. 도시의 타락에도 불구하고 하나님의 사람들은 도시의 번영과 안정을 위한 일에 참여하고 그것을 위해 기도해야 한다. 도시는 하나님의 말씀을 받은 사람들에 의하여 유지되기 때문이다. 잠언서는 "정직한 사람이 축복하면 마을이 흥하고, 악한 사람이 입을 열면 마을이 망한다"(잠 11:11)고 기록한다.[14] 요나서에 나오는 것처럼 신앙인은 타락한 도시 안에서 하나님의 심판이 임박했음을 선포하고, 시민들이 하나님의 말씀을 듣고 회개하며 돌아올 수 있도록 지속적으로 증언해야 한다.

---

12   위의 책, 112-113.
13   위의 책, 117.
14   위의 책, 154.

새로운 예루살렘과 예수

성서에서 도시는 양면적 의미를 띤다. 타락한 도시가 있는가 하면 예루살렘처럼 성스럽게 여겨지는 도시도 있다. 엘륄에 따르면 예루살렘이 처음부터 평화의 도시, 성스러운 도시였던 것은 아니다. 에스겔 16장에서 "네 아버지는 아모르 사람이고, 네 어머니는 헷 사람"이라고 강조한 것처럼 이방적인 기원을 가진 곳이라는 것이다. 하나님은 예루살렘을 통해 하나님의 선택을 받은 장소라는 것이 어떤 의미인지 인간에게 보여주고자 했는데, 그것은 바로 증인의 도시를 의미한다. 예루살렘은 모든 도시와 역사적 운명을 같이하며, 갈대아나 이집트에서 일어난 사건들의 영향을 받았다. 그러나 "이 도시는 역사 가운데 끊임없이 종말을 기억하게 한다는 가치를 지닐 뿐 아니라, 마지막 때가 실재적 실체임을 기억하게 한다. 이것이 우리가 예루살렘이 신성한 은혜와 신성한 정죄의 증거가 그 종말론적인 역할에 통합된 부분이라고 이야기하는 이유"다.[15] 예언자 이사야는 이 도시를 향해 "너를 '의의 성읍', '신실한 성읍'이라 부르겠다"(사 1:26)고 말한다. 인간은 도시에서 주인 행세를 하며 그곳을 자신의 우월함을 드러내는 장소로 만들려 한다. 예루살렘도 끊임없이 침략당하고 정복당했다. 아랍의 정복자, 터키의 정복자가 있었으며, 세상은 이 도시를 변방으로 치부했다. 그러나 이 도시는 하나님의 말씀에 의해

---

15   위의 책, 207.

서만 가치를 지니며, 앞으로 올 새 예루살렘을 증거할 때만 의미가 있다. 이 도시의 승리와 화려함은 단지 선언되었을 뿐이지 아직 실현된 것은 아니다. 여전히 예루살렘은 새로운 주인을 기다리고 있다.[16]

예수는 예루살렘을 처음부터 그의 사역 무대로 택하지는 않았다. 그는 오히려 갈릴리 인근의 작은 마을과 변두리에서 활동했다. 예수가 전한 복음은 도시를 대상으로 한 것이 아니었고, 그가 오히려 도시에 대한 분노를 표출했다는 사실에 주목해야 한다.[17] 예수는 특별히 고라신, 벳새다, 가버나움을 지목하는데, 그 도시들은 기적을 이해하지도 못하고 회개하지도 않았다. 그곳은 영적으로 단절된 장소였고 하나님 말씀을 들을 수 없는 교만과 무질서의 장소였다. 그리고 그리스도가 이 땅에서 머리 둘 곳이 없었다는 사실에 주목해야 한다. 예수가 장소를 소유하지 않는 편이 좋다고 말한 적은 없지만, 그를 따르는 삶이 안식할 장소에 머무는 삶이 아니라 인간적 안락과 안정을 포기하는 삶임을 몸소 보여줬다. 예수는 예루살렘에 오래 머물지 않고 언제나 성문 밖, 빈들과 산에 있었다. 오히려 도시는 그를 증오했다. 예수는 도시에서 핍박을 받았고, 도시민들에게 끌려가 도시 밖 언덕에서 십자가에 매달렸다.

---

16   위의 책, 210.

17   David W. Smith, *Seeking a City with Foundations* (Nottingham, UK: IVP 2011), 172-173.

무엇보다도 먼저, 예수가 성문 밖에서 죽었다는 것은 구원의 장소가 달라졌다는 것을 의미한다. 구약성서 안에서 고대의 이동 신전을 대신한 성전은 예배의 장소로서만이 아니라 구원의 중심지로 이해되었다.…구원은 거룩한 도성의 담장 안의 성전에 제한되어 있었다.…그런데 예수로 말미암아 구원의 장소는 근본적으로 옮겨졌다. 중심에서 주변으로 이동한 것이다.[18]

예수와 세례 요한은 사람들을 도시 밖으로 이끌어 세례를 베풀고 말씀을 전한 후 다시 도시 안으로 돌려보내 전도하게 했다. 그들이 도시 안에서 평화를 선포하고 귀신을 쫓거나 병자를 치유하게 했다. 그들은 도시인들에게 복음을 전했으며 도시의 변화를 위해 헌신했다. 어쩌면 예수와 그의 제자들은 도시의 치유자인지도 모른다.

반대로 헤롯은 예루살렘의 주인으로, 도시의 왕자로 묘사된다. 이스라엘의 도시는 본래 그리스 문명의 도시와 같은 형태를 추구하지 않았으며, 복음서는 의도적으로 도시라는 단어를 쓰지 않고, 마을, 도성이란 단어를 쓴다.[19] 그런데 당시에는 헬레니즘의 영향으로 근동에 상당히 많은 도시가 건축되었고 그에 따라 시민의 삶과 문화적 양태, 법체계가 변

---

18 Orlando E. Costas, *Christ Outside the Gate*, 김승환 역, 『성문 밖의 그리스도』(서울: 한국신학연구소, 1987), 320.

19 Andrew Davey, *Urban Christianity and Global Order* (Peabody, MA: Hendrickson Publishers, 2002), 62.

화했다. 그래서 신약의 도시들은 구약의 도시들과 차이를 보이는데, 곧 다문화·다종교·다인종 상황에 놓이게 된 것이다.[20] 헬라화된 유대 도시는 헤롯 안티파스가 건축한 것으로 세포리스와 티베리아스가 대표적이다. 복음서에서 예수가 이러한 도시에 방문하지 않고 그 존재조차 언급되지 않은 것은, 의도적으로 헬라화된 도시에 대한 반감을 표현한 것으로 볼 수 있다.[21] 예수의 메시지는 도시의 약자와 정치·경제적으로 착취당하는 이들을 향한 희망과 구원의 선포로 이어진다는 점에서 당시 사회에 절대적인 영향을 미치던 도시 문화에 대한 저항으로 볼 수 있으며, 이는 새로운 질서를 따르는 공동체적 실천을 염두한 것으로 보인다. 그것은 시대의 흐름을 쫓지 않는 완전히 다른 방식으로서, 빚 탕감과 같은 물질적 정의를 구현하려 했다.[22]

예루살렘의 중심에는 성전이 있고 성전을 통해 도시의 영적·정치적 기능이 유지된다. 예수는 성전을 허물고 사흘 만에 다시 세우겠다고 하신다. 이것은 도시의 성전을 자신의 육체로 대체하고, 그리스도의 몸인 성전을 통해 하나님께서 경배를 받으실 것을 의미한다. 이러한 대체는 그리스도의 몸인 성전의 특성과 역할로 인해 모든 도시로 퍼지게 되며, 국가와 도시의 역사에서 예수는 완전하게 예루살렘을 대신하게

---

20   위의 책, 65.
21   위의 책, 69.
22   위의 책, 71.

도시를 어떻게 구원할 것인가?

된다.[23] 예루살렘은 더 이상 신성하지 않다. 예수가 그 거룩한 역할을 벗겨냈다. 예수는 하나님의 실재를 세상 속으로 가져올 뿐 아니라 예배가 드려지는 거룩한 장소 그 자체다. 다시 말해 신적인 공간이 장소가 아닌 사람 안에 위치하게 된 것이다. 그리스도 안에서 성전은 사라지고 모든 장소가 그리스도를 통하여 다시 거룩함을 완성하게 된다.[24] 예수는 이스라엘을 다니며 그 땅에 거룩함과 참된 영적 의미를 부여했다. 요한복음 4장에서 사마리아 여인은 예배의 장소에 관해 말하지만 예수는 성령과 진리라는 예배의 본질을 강조한다. 포도나무의 비유에서 사람들은 땅과 열매에 관심을 두지만 예수는 하나님과의 관계에 집중한다.

성서가 낙원을 이야기할 때 그것은 언제나 지상의 한 도시로 묘사된다. 에스겔서든 요한계시록이든 마찬가지다. 이사야는 이리와 어린양이 함께 사는 장면을 묘사하는데 이것은 우리에게 도래할 도시이지 천상의 세계를 말하는 것이 아니다.[25] 성서의 역사는 에덴에서 시작해 예루살렘에서 끝나는데, 그 중심에는 그리스도가 있다.

종말에 임할 하나님 나라, 새 하늘과 새 땅은 도시로 묘사된다. 하나님께서 만드신 새로운 피조물은 도시이며, 그곳은 기쁨과 찬양과 하나님의 영광이 가득한 정의롭고 평화로운 장소다. 도시는 더 이상 인간을

---

23   Jacques Ellul, 황종대 역, 『머리 둘 곳 없던 예수』, 259.

24   Gary M. Burge, 이선숙 역, 『예수와 땅의 신학』, 119-121.

25   Jacques Ellul, 황종대 역, 『머리 둘 곳 없던 예수』, 297.

위한 장소가 아니라 하나님의 영광을 위한 곳이다. '주님께서 거기에 계신다'라는 뜻의 '야웨 삼마'는 우리에게 항상 높은 산 위에 있는 것으로 묘사된다. "그 터전이 거룩한 산 위에 있구나"(시 87:1). "나를 성령으로 휩싸서 크고 높은 산 위로 데리고 가서, 하나님께로부터 하늘에서 내려오는 거룩한 도성 예루살렘을 보여 주었습니다"(계 21:10). 또한 요한계시록 21:23에 따르면 그곳은 하나님의 영광이 거주하며, 해와 달이 아닌 하나님의 영광으로 비추이는 곳이다(계 21:23).[26] 이 도시는 모든 민족의 중심이며, 열두 지파와 열두 사도를 뜻하는 열두 개의 성문이 있어 구약과 신약을 관통하는 하나님 나라를 상징한다.

도시에 대한 예수의 거부와 안타까운 눈물은 결국 도시의 구원과 치유로 이어지는데, 이때 예루살렘이 그 중심에 있다. 예루살렘은 도시로서 구속사에서 독특한 위치를 차지한다. 새 예루살렘은 이스라엘과 그리스도인의 미래적 기대 속에 현존하고 있다. 예수가 예루살렘에서 죽고 예루살렘에서 부활함으로써 구원의 모든 것을 성취했기 때문에 예루살렘은 이중적 특성을 띤다.[27] 죽음과 부활을 통한 예루살렘의 재탄생은 정의와 평화를 향한 새로운 도시의 가능성을 보여준다.

도시는 하나님에 대한 대항의 결과물이지만 그 도시의 회복자로 예수 그리스도가 오셔서 그의 죽음으로 도시를 구원하고 하나님 나라를

---

26   위의 책, 350.
27   위의 책, 257.

성취하셨음을 기억하자. 시민 된 그리스도인은 죄악 된 도시 안에서도 새로운 존재로 변화해야 하며 그것이 도시를 거룩한 하나님 나라로 만들어가는 일임을 깨달아야 한다. 엘륄은 결국 그리스도인이 할 수 있는 것이 '용서'라고 했다. 용서가 인간의 도시를 하늘의 예루살렘으로 변화시킬 것이며, 더 정확히 말하자면 도시가 공허함의 세계로 떨어지는 것을 막을 것이다.

5장

새로운 예루살렘을
향한 비전

종말에 완성될 하나님 나라 곧 새 예루살렘은 어떤 곳일까? 세속화된 도시를 새롭게 하기 위한 대안 도시의 원형은 무엇에서 도출해야 할까? 요한계시록에 등장한 새 예루살렘은 모든 나라와 민족이 각각의 방언으로 하나님을 찬양하는 천상의 도시이자 이 땅에 임한 구속의 도시다. 다양한 구성원이 하나의 방향을 향해 가면서 공존하고 평화로운 관계를 유지한다. 그곳은 자신의 참된 행복을 성취하면서도 타자를 배제하지 않고 조화를 이루는 이상적인 도시를 이룬다. 이는 근현대 도시가 구현하려 했던 유토피아의 원형이며, 더 근본적인 차원에서 인간의 참된 행복과 사회적 안녕을 구현하는 곳이다.

도시 신학은 성서가 제시하는 도시를 살피는 동시에, 도시 교회들이 역사적으로 보여준 신앙적 실천과 신학을 한데 모아 오늘날 우리의 도시를 성찰하게 한다. 도시 신학의 목적은 모든 인류를 향한 보편적 가치를 회복하고 최근의 도시 재생 사업들이 간과해온 도시의 영적이고 초월적인 면들을 복구하는 것이다. 또한 도시민의 삶의 자리를 세세히 파악하고 대안적 도시 공동체를 구현하는 것이다. 건조 환경으로서의 도시 공간은 기독교 역사와 전통 안에서 중요한 신학적 유산을 간직하고 있다. 도시 신학은 아우구스티누스 이후로부터 최근까지 하나님의 도시 모형을 중심으로 하여 도시민 모두를 향해 사랑, 정의, 화해, 평화가 구현될 수 있는 방향으로 체계화되었다. 성서는 종말에 임할 하나님 나라,

새 하늘과 새 땅을 새 예루살렘이라는 도시로 묘사한다.

합리적인 근대 이성에 기초한 도시설계는 '경제적 효율성'과 같은 신자유주의와 자본주의의 가치를 목표로 하지만, 도시 신학은 성서가 말하는 공의, 사랑, 평화, 화해, 공정, 소망과 같은 초월적 가치를 지향하는 도시 비전을 제시한다. 인간은 이성적인 존재만이 아니라 관계적·영적·정서적 존재이기에 기계적인 도시설계에 따라 짜여진 시민의 일상은 불행하게 전개될 가능성이 크다. 도시 신학은 도시민이 정서적·관계적·영적 차원에서 서로 연대하며 공유할 수 있는 '비전과 가치'를 제안함으로써 도시가 지속적으로 나아가야 할 방향을 제시한다. 좋은 도시설계는 다양한 방식으로 도시의 가치를 창출하면서, 시민들이 안정감과 행복감을 느낄 수 있게 하고 그들의 자아실현과 공동체의 번영에 도움이 되는 주위 환경을 형성해야 한다. 도시 거주자들 스스로가 더 나은 사회를 향한 공적 가치에 헌신하고 그러한 가치를 실현하는 삶을 창조할 수 있게 해야 한다.

거주의 신학화

니콜라스 월터스토프(Nicholas Wolterstorff)는 도시설계에서 미학의 중요성을 피력한 바 있다. 건물의 배치와 설계는 도시 경관과 조화를 이루어야 하며 다양성 속에서도 연합과 일치를 향하는 흐름이 있어야 한다. 구성원의 사익을 극대화하기 위한 설계보다는 사회의 연대와 다양성이 보장되면서도 지역의 이야기(drama)를 담아내어 조화의 미를 살리는 것이 중요하다.[1] 에밀 뒤르켐(David Émile Durkheim)은 공간을 집단적 사유의 산물로 보았다. 공간 자체에 특정한 성질이 있는 것은 아니지만, 공유된 믿음과 구성원 간의 정서적 상호 작용 등을 통해 사회적 공간으로 범주화된 영역이 '공간'이라고 인식한 것이다. 이러한 공간은 강력한 종교적 실천과 의미 작용을 기초로 하며, 강한 집단의식을 형성하면서 사회의 안정과 질서, 이상과 규범을 만들어낸다. 물리적 공간이 사회적 공간으로 전환되고 다시 사회적 공간이 물리적 공간 안으로 침투하는 과정을 통해 마을과 도시는 재형성된다.[2] 종교가 공간의 사회성을 형성하는 사례는 로마 가톨릭의 경우를 통해 잘 드러난다. 가톨릭은 광범위한 유럽 영토를 정치, 경제, 사회, 문화의 전 영역에서 하나로 묶어내면서 지역화와 초장소성이 동시에 작동하게 하였다. 이처럼 유럽 대륙에서 하나의 보편화된 세계와 질서를 이뤄내는 데 크게 기여한 가톨릭을 비롯하여, 공적 종교는 저마다의 가치 체계를 지니면서도 각 지역에서 새로운 사회를 만들어내는 데 큰 역할을 한다.[3] 그렇다고 종교적 이상을 현실의

---

1   Eric O. Jacobsen, *The Space Between* (Grand Rapids, MI: Baker Academic, 2012), 262-265.

2   Markus Schroer, 정인모·배정희 역, 『공간, 장소, 경계』, 60-61.

3   과거로 올라갈수록 인간 사회의 중심 공간에는 언제나 종교적 제의와 초월의 공간이 자리하고 있었는데, 아마도 시초는 부족의 사당이었을 것이다. 그러다가 점차 제단,

도시계획과 설계에 그대로 반영하는 것은 세속화를 거친 다원화된 현대 사회에서 무리가 있다. 다원화된 종교적 상황에서 종교가 사회의 분열과 갈등을 야기할 수 있기 때문이다. 그렇다고 반대로 도시계획과 설계에서 종교적 이상을 배제하는 것이 꼭 정당하다고 볼 수는 없다. 도시민의 연대와 공통된 가치 형성 및 나눔을 위해서는 종교적 이상과 가치뿐 아니라 종교 기관과 공동체의 참여와 연대가 필요하기 때문이다.

티모시 고린지는 근대 이후의 도시 안에 초월성을 향하는 공간이 부재하지만 이는 새로운 현상이 아니라고 말한다. 이미 헬레니즘 세계의 도시에서는 인간 자신의 성취와 성공을 축하하는 인위적 공간을 건축하였고, 로마 제국의 도시에서도 마찬가지였다. 두 제국과 문화는 인간의 욕망과 이상을 극대화하면서 초월적 가치의 부재를 맞이하였는데, 오히려 기독교의 등장으로 창조적 영성과 초월성을 수혈받게 되었다. 헤브라이즘 전통에서 온 사상과 상상력이 신앙 안에서 새로운 미래를 소망하게 하였으며, 도시를 하나님의 구원 경륜의 중요한 요소로서 형성하고 유지하게 하였다.[4] 초기 기독교 교회는 그리스·로마 도시의 다른 조직들과 유사하다. 기독교 공동체는 그리스 도시의 정치적 모임을 뜻하는 에

단지, 사원, 궁전, 안뜰과 같이 제의적 공간이 확장되면서 마을과 도시가 분화되고 설립되어감을 알 수 있다. 이러한 제의의 중심지가 영구적인 거주지로 발전하면서 하나의 유토피아를 완성하게 된다. Yi-Fu Tuan, 이옥진 역, 『토포필리아』, 228-230.

4   Timothy J. Gorringe, *A Theology of the Built Environment*, 161-162.

도시를 어떻게 구원할 것인가?

클레시아(ἐκκλησία)[5]라는 단어를 차용하였다. 웨인 믹스(Wayne A. Meeks)도 기독교는 팔레스타인에서 출발한 도시적 현상이라고 주장한다. 하지만 교회는 기존의 정치체와 다른 질서를 지니며 새로운 문화와 가치관을 만들어냈다. 또 그러한 이상을 공유한 공동체가 연대함으로써 그 무엇보다도 단단한 하나의 보편 세계를 공유하게 되었다.

플라톤은 『국가』(Republic)에서 영혼과 도시 사이의 구조적 동등함(parity)을 주장하면서 영혼의 사적 영역이 전체 사회로 확장될 수 있다고 했다. 진리와 정의를 실천하는 데 최적화된 장소로서 개인의 영역이 공화국 안에서 공적 정의의 공간으로 구체화 될 수 있다는 것이다. 진정한 도시는 건물과 거리가 아니라 선(善)을 향한 사회적 연대와 관계성에 있다. 이것은 다시 선을 재구성할 수 있는 조건을 형성한다. 도시는 『파이드로스』(Phaedrus)[6]의 현실로서, 종말론적인 관점에서 현실 세계의 물

----

5 그리스도교 신앙 공동체 집단의 자기 명칭이었던 에클레시아는 분명히 바울 이전에 나온 개념인데, 당시 이 명칭은 자신들을 이스라엘과는 대립되는 참된 하나님의 백성으로 이해했던 초기 그리스도교의 자의식을 내세운 것이었다. 에클레시아는 한 도시에서 투표권이 있는 시민이 모이는 정치적 집회를 뜻했다. Ekkehard Stegemann, Wolfgang Stegemann, *Urchristliche Sozialgeschichte*, 손성현·김판임 역, 『초기 그리스도교의 사회사』(서울: 동연, 2008), 417.

6 플라톤의 『파이드로스』의 주제는 어떻게 참된 수사술이 논리적인 방법과 인간의 열정에 대한 과학적 연구라는 이중의 기초 위에 세워질 수 있는가를 보여준다. 그는 이 주제를 사랑과 결부하여, 형상들이 초월적 감정 또는 신비적 관상의 대상이라고 보았다. 육체에서 벗어난 상태의 영혼은 형상을 직접 관상할 수 있지만 감각 경험은 '사랑에 빠짐'이라는 경이로운 방식에 의해서 아름다움의 형상을 암시할 수 있다. 사랑에 빠진 사람의 불합리하고 미친 듯한 상태는 영혼의 날개가 다시 자라기 시작했

질적인 차원을 넘어서서 영혼의 안식처로서 모든 주체들과 관계 맺는 공간이다.[7]

우리는 인간 사회와 공동체 가운데서의 관계를 창조, 타락, 구속이라는 맥락에서 살펴볼 필요가 있다. 윌리엄 캐버너가 말한 것처럼 인류는 교제를 위하여 창조되었고, 창조주 하나님의 형상에 근거한 인류의 자연적 통일성이 하나님과의 관계 안에서 모든 인간성의 근거가 된다.[8] 죄 때문에 타락한 인류는 새로운 마을과 도시 공동체를 건설하면서 자기를 보호하고 생존하려고 노력하였으나, 이는 결국 적대 관계를 전제하는 상호 계약을 통한 근대 국가의 탄생을 초래할 뿐이었다. 근대 국가는 타락 이후의 인간이 낳은 결과물이다. 사회성의 구속은 인간의 통일성과 상호 교제를 회복하는 것이다. 이는 그리스도의 몸에 참여함으로써 일어날 수 있으며, 예수 안에서의 평화와 화해를 통해 얻게 되는 회복이다. 교회는 회복된 창조적 공동체인 동시에 그 자체로서 종말에 모든 나라가 새 예루살렘으로 모여들 것을 예시한다.[9]

인간의 욕망이 뭉쳐 이루어진 도시를 구속하려면 도시 안에 있는 교회에 대한 존재론적 이해가 필요하며, 하나의 대안 도시를 넘어 도시

음을 뜻하며 이것이 영혼이 자기 자리를 찾게 되는 첫 단계다.

7   Catherine Pickstock, "Justice and Prudence," *The Heythrop Journal* 42 (2001), 271.
8   John Milbank, Catherine Pickstock, Graham Ward eds., *Radical Orthodoxy: a New Theology*, 182.
9   James K. A. Smith, 한상화 역, 『급진 정통주의 신학』, 315.

문화의 개척자와 변혁자로서 교회의 역할이 무엇인지를 고찰해야 한다. 도시의 설계에 있어 근현대 도시가 추구했던 합리성과 효율성만을 따르기보다 그곳에서 살아갈 거주자들의 인간성과 관계성, 초월성과 영성까지 고려해야 한다. 새 예루살렘은 구체적인 설계도를 제시한다기보다는, 다양성 속의 일치와 연대, 모두를 포용하고 한 중심을 향해 이끄는 도시의 정신과 영성의 필요성을 가시화한 것이다.

종말론적 도시 공동체

도시 공간이 점점 세속적 공간, 시장 주도의 소비주의적 공간으로 변화하면서 결과적으로 종교와 신앙은 점점 사사화(privatization)되며 종교적 정서는 내면화되고 있다. 하나님의 말씀이 사적인 것으로만 여겨지고 개인의 감정과 신념의 문제로 축소된다면 종교의 공공성은 사라지고 예배당은 오로지 종교적으로 고립된 공간, 건조한 개인의 공간이 될 것이다. 교회의 공적 영역 상실은 마치 영혼과 몸, 기술과 상상력, 의식과 무의식의 영역이 양분되듯 반쪽짜리의 영역으로 전락한 것과 같다. 급진정통주의는 이와 반대로 공존, 종합, 사회적 조화(harmony)를 추구하면서 시민의 삶에 대한 통전적 관점을 가지고 초월성이 가미된 공동체성을 강조

한다. 그러면서 근대성의 열망이나 꿈들과도 공존하려 한다.[10]

　근대 세속 도시에서 인간의 죄성은 도시와 도시민의 존재적·관계적·사회적 파편화(fragmentation)를 초래했다. 죄와 타락은 사회적 원자론과 개인주의를 강화했다. 근대 국가는 헛된 구원을 추구하면서 인위적 평화를 이끌어내려고 하지만 그 안에 전제된 개인 간의 대립적 자연성에 대해 의문을 제기하지 않는 한, 결국 교회의 패러디로 전락할 뿐이다.[11] 근대 국가의 사회 계약은 개개인을 투쟁의 대상으로 인식시키면서 만인의 투쟁을 통해서 얻어지는 임시적 평화를 추구한다. 그런 의미에서 급진정통주의는 국가를 유사 교회, 혹은 위조된 교회로 바라보고 교회만을 진정한 도시로 여긴다. 급진정통주의는 교회를 대안적 정치 조직체로서의 거룩한 나라로 본 스탠리 하우어워스(Stanley Hauerwas)의 이해를 반영한다. 하우어워스는 교회가 다른 정치체처럼 그 자체로서 도시이자 국가로 불리기에, 그리스도인은 다른 어떤 국가에도 안주할 수 없다고 했다.[12] 교회는 특정 국가나 도시의 시민 사회 안에 적응할 수 있는 조직체가 아니다. 과거나 지금이나 국가의 목적에 의문을 제기하는 대안적 도시다. 하나의 도시이자 교제 공동체인 교회는 하나님의 은혜와

10　　Graham Ward, *Cities of God,* 35.

11　　James K. A. Smith, 한상화 역,『급진 정통주의 신학』, 316.

12　　Stanley Hauerwas, *The Peaceable Kingdom* (Notre Dame, IN: University of Notre Dame Press, 1991), 102.

성령에 의하여 활성화된다.[13]

그레이엄 워드는 그리스도의 몸으로서의 교회 공동체를 제안하면서, 그것은 바울이 사용한 "소마"(σωμα, 몸)라는 단어가 하나의 정치체(the body of politics)로 체화된 형태라고 언급한다.[14] 정치체에 대한 바울의 이해는 고린도전서 12:12-27에 나타난다. 정치체로서의 그리스도의 몸은 우주적 도시를 위해 선호되는 하나의 메타포로서 영혼 없는 육체를 뜻하는 "사르크스"(σαρξ, 육)와 대비된다. 사르크스는 하나님 나라를 상속하지 못하는 죄와 사망의 몸으로서, 세속화된 정치체라고 할 수 있다.[15] 그러나 소마, 즉 정치체로서의 그리스도의 몸 된 교회는 성육신하신 그리스도처럼 '종말론적 잔여물'(eschatological remainder)을 통해 도시 안에서 사회적·정치적·윤리적으로 중재하는 은혜와 선물의 공간이된다.[16]

교회는 인간적이고 세속적인 기관이다. 하지만 근본적으로 하나님에 대한 사랑과 경배를 지향하고 하나님의 삼위일체적 기능에 참여하는 한, 그것은 하늘의 도시(heavenly city)다. 아우구스티누스에 따르면 교회 공동체의 구성원은 땅의 도시에 있는 사람과 같은 욕구를 느끼고 같은 유혹을 받으나 그러면서도 하나님을 향한 사랑이라는 방향성을 지

---

13   James K. A. Smith, 한상화 역, 『급진 정통주의 신학』, 317.

14   Graham Ward, *The Politics of Discipleship*, 227-228.

15   위의 책, 253-258.

16   위의 책, 259-260.

넌다는 차이가 있다. 하늘의 도시로서의 교회 공동체는 신적 은혜에 기초한 공동체이기에 근대 사회주의의 이상을 추구하는 공동체와는 구별되며, 특별한 연대를 선물 받음으로써 구성된다. 밀뱅크는 이러한 공동체는 필요에 의해 만들어지는 것이 아니라 "들판의 백합화를 위하여 햇빛이 땅에 풍성히 내리쬐듯이" 풍성한 은혜에 의해 형성되는 것이라고 설명한다. 종교성에 근거한 공동체는 특별한 이성의 상호 작용이나 내러티브에 의해 형성되는 것이 아니라 신화(mythos)를 통하여 초자연적 체계(supernatural edifices)를 구축하면서 형성된다.[17]

선물을 사이에 둔 '주는 사람'(giver)과 '받는 사람'(recipient), 그리고 '선물 그 자체' 사이에는 관계망이 형성된다. 주는 사람은 보답을 염두에 두지 않은 채 선물을 주며, 받는 사람은 빚진 마음이나 은혜를 받는 마음으로 선물을 받는다. 그리고 계산될 수는 없으나 구체적인 형태로서 선물이 두 사람 사이에 존재한다.[18] 선물을 주고받는 행위는 경제적 계산 원리와 환전 원리를 넘어선다. 우리는 이런 선물의 원리를 모형으로 하나님과 인간 사이에 선물로 주어진 예수 그리스도를 보게 된다. 선물을 주시는 하나님은 그분의 기쁨과 만족으로 인간에게 예수 그리스도를 주셨으며 보상에 대한 기대 없이 자원하셨다. 선물을 받는 인간은 그것을

---

17   John Milbank, *Being Reconciled: Ontology and Pardon* (Abingdon, UK: Routledge, 2003), 167.

18   Thomas A. Carlson, "Postmetaphysical Theology," *The Cambridge Companion to Postmodern Theology* (Cambridge, UK: Cambridge University Press, 2003), 73.

도시를 어떻게 구원할 것인가?

은혜로 알고 감사의 태도로 받으며, 이때 발생한 가치는 교환 원리로 매겨질 수 없는 차원의 것이다.

　선물의 가치는 계산과 교환의 시스템 안에서 파악되지 않는다. 세속의 시장 경제 질서를 전복하고 전환할 수 있는 교환 수단이 선물이다. 선물은 돌려받기를 전제로 하거나, 그것을 통해 이익을 추구하려는 사적 목적을 지니지 않는다. 선물은 선물로 존재할 때 가치가 발생한다. 케빈 밴후저(Kevin Vanhoozer)는 선물에 희생이 따른다고 주장한다. 아브라함이 자기 아들을 희생하여 하나님께 드리려 했듯이 말이다.[19] 역사적으로 신적 은혜의 공동체로 구성된 교회는 하나의 유기적 집단 정체성을 형성하였지만, 다른 공동체와의 갈등 속에서 심지어 전쟁을 불사하면서까지 자기 힘을 제멋대로 휘두르는 우를 범하기 시작했다. 그리고 결국 선물은 사회적 계약으로 대체되어 버렸다. 밀뱅크는 신의 소유인 선물의 공동체가 힘의 논리에 따라 움직이면서 폭력에 의지하게 되었다고 비판한다.[20] 물론 애초에 그 폭력은 스스로를 보호하기 위한 것이겠지만 언제든지 공동체의 이익을 위한 집단적 광기와 투쟁으로 바뀔 수 있다. 또한 그것으로 인해 교회는 상호성과 관계성에 기초한 집단(Gemeinschaft, 공동 사회)에서 협상과 전략에 따르는 집단(Gesellschaft, 이익 사회)으로 변

19　Kevin J. Vanhoozer, "Theology and the condition of postmodernity," *The Cambridge Companion to Postmodern Theology*, 17-18.

20　John Milbank, *Being Reconciled: Ontology and Pardon*, 168.

질될 수 있다.

교회는 공적이면서도 사적인 이중적 공동체다. 가족과 같은 친밀함의 오이코스(οἶκος)적 특성과 정치체의 폴리스(πόλις)적 특성을 모두 지니기 때문이다. 우선 오이코스의 친밀함은 신앙적 연대로서 모두가 하나님의 백성, 이스라엘이라는 정체성을 공유하게 한다. 개인주의와 자유주의를 표방하는 세속 사회에서는 분리된 개인, 파편화된 가족으로 살아가지만, 확장된 가족으로서의 교회 공동체는 끊임없이 낯선 자를 환대하고 사랑하는 친밀성을 유지한다. 이들의 친밀성은 정의로운 화해를 추구하는데, 추상적이고 모호한 개념으로서의 친밀함이 아니라 구체적이고 체화된 삶의 언어로서 화해를 지향한다. 이것은 이성적이면서도 존재론적인 연대로서 하나님 안에 함께 참여함으로 이루어진다.[21] 확장된 가족 안에서 우리는 하나님의 관점을 공유하면서 과도하게 추상화된 세속 세계가 잃어버린 육체성과 진리들을 회복한다. 밀뱅크는 파편화되고 해체된 포스트모던의 노마드적 삶을 대신하는 개념으로 "공동체적 순례"(ecclesial pilgrim)를 제시하면서 '하나님의 도시'이자 '초월적 공동체'로 이 땅에서 살아가야 한다고 말한다.[22] 교회는 도시 공동체다. 곧 이중적 정체성을 유지하여 공과 사, 육체와 영혼, 초월과 내재의 이원론을 극복한 궁극적 도시를 구현함으로써, 현실 도시의 대안으로 가시화된 도시

---

21   위의 책, 209.
22   위의 책, 210.

공동체다.

새로운 예루살렘

세속화된 근대 도시는 계몽주의의 영향으로 낙관적 유토피아의 세계를 꿈꿨지만, 인간의 욕망과 사회 구조를 단순화한 오류를 안고 있었다. 마르크스로 대변되는 20세기의 사회주의 체제 역시 공동체의 이상향을 물질적 차원으로 환원하면서 인간의 욕망과 초월적 차원의 본성을 간파하지 못한 아쉬움을 남겼다. 밀뱅크는 근대 도시의 이상을 넘어서는 새로운 도시 공간의 특징을 "복잡한 공간"(complex space)으로 명명한다.[23] 복잡한 공간이란 시간과 공간이 혼합된 영역으로서(chronotope) 개인과 국가, 이성과 영혼, 세속과 거룩이 혼재해 있는 공간이다. 이상봉은 포스트모던의 공간적 특징이 트랜스-로컬리티(trans-locality)라고 봤으며 그것은 단순히 균질적인 공간이 아닌 상호 뒤섞임으로 혼재된 관계의 공간이라고 파악했다. 이는 공간의 변화와 재구성의 관점에서, 이중적이면서도 혼종성이 강화된 특징이다.[24] 포스트모던 사회에서는 로컬의 중요

---

23 John Milbank, *The Word Made Strange* (Oxford, UK: Blackwell, 1997), 274-275.
24 박규태 외 4인, 『로컬리티와 포스트모던 공간성』 중 이상봉, "트랜스-로컬리티: 포스트모던의 대안적 공간정치", 120-124.

성을 강조한다. 자본화된 세계화의 위기에 대처할 수 있는 '가치 있는 그 무엇'을 지닌 공간으로서 로컬이 주목받고 있다는 것이다. 작은 지역 단위 공간의 연합은 각 지역만의 정체성과 상호 관계성을 통해 대안 사회, 대항 사회를 가능하게 한다.

근대는 도시를 합리적인 공간으로 단순화하면서 시민들의 관계성, 사이성, 정체성을 보지 못했을 뿐 아니라 도시를 영적·미학적 차원에서 바라보는 데도 실패했다. 밀뱅크는 복잡한 공간의 대표적인 예로 고딕 양식(Gothicism)의 건축물을 꼽는다. 중세 후기에 등장한 고딕 양식은 인간의 자율적 세계관을 거부하고, 성스러운 공간, 하나님의 절대적 섭리가 발견되는 공간, 경제의 교환 원리 대신 신의 진·선·미에 상호 참여하고, 환원되지 않는 다양성이 조화를 이루는 공간을 보여준다.[25]

아퀴나스는 도시의 상징적인 장소가 성과 성당으로 분리되어 있다고 지적했다. 이 두 장소는 창조 질서에 따라 구분된 곳이며 각자 다른 위치에서 사람들을 묶어줌으로써 도시의 번영을 촉진한다. 아퀴나스는 『군주 통치론』(De regimine principum)에서 둘의 구분을 계층적으로 배열한다. 그리고 권위의 측면에서 교황의 역할을 자세히 설명하면서 왕은 일시적인 권력자로서 더 높은 영적 권위에 순종해야 하고, 사람들은 일시적 권위와 영적 권위 둘 다에 순종해야 한다고 했다. 성은 거주자들의 공간으로 도시를 외적으로 설계하지만, 성당은 영원한 구원의 항구다.

---

25   John Milbank, *The Word Made Strange*, 279.

성안 시민들의 직업과 소명은 종말론적으로 방향 지어졌으며 그들의 일상은 시간을 통한 순례가 된다. 그래서 도시는 항상 미래를 향해 있다. 아퀴나스의 의견은 여기까지였지만, 만약 이러한 도시의 설계자가 비유적으로 세상의 창조주인 하나님과 연결된다면 그 도시는 비유적으로 거룩한 도시이자 하늘의 사원-중심인 예루살렘으로서, 에스겔서와 요한계시록에 나오는 세속의 바빌로니아와 전쟁할 것이다.[26] 학자들은 요한계시록 18장에 나오는 바빌로니아(바벨론)에 관한 내용을 로마에 관한 것으로 이해하거나 고대 도시 수메르, 예루살렘, 아테네, 아시리아, 바라나시의 운명으로도 보았다. 요한계시록은 바빌로니아의 멸망으로 인해 그 연기가 모든 도시의 대로와 길에 드리울 것이며 이것이 교만의 결과임을 상기시킨다. 도시에는 두 개의 신화적 가능성이 있는데 하늘의 도시새 예루살렘과 사탄의 도시 바빌로니아다. 바빌로니아는 세속 도시의 건축 설계와 개발의 미래가 되었다.[27]

　　존 던(John S. Dunne)은 모든 종교적 가르침을 신화적으로 보았다. 그리스도는 구원자 왕의 긴 계보 안에 서 있는 한 사람으로서, 영원한 도시를 통치하면서 영원히 살기 원하는 인간 욕망의 궁극적 상징이라고 이해했다. 도시는 영원한 삶에 대한 궁극적 질문에 응답하는 장으로서 끝없는 상징과 유토피아로서의 가능성을 지닌다. 도시는 왕에 의해 성스러

26　　Graham Ward, *The Politics of Discipleship*, 211-212.

27　　위의 책, 213.

위졌는데, 인간은 그곳에서 신과 조화를 이루면서 지속적으로 세속화되어갔다. 고대 세계에서 도시는 죽지 않는 과거, 불멸의 개념 위에 서 있었다. 그런데 던은 최근의 도시들이 다시 스스로를 신성화하려는 움직임을 보인다고 했다. 그에 따르면 인간은 이 땅의 건설 계획을 통해 이전 사회에서 얻지 못한 자유를 성취하더니 탈죽음적이고 신성한 사회를 추구하게 되었는데, 이 사회의 핵심은 죽음의 문제를 해결하는 것이다. 그는 이에 관하여 토마스 알타이저(Thomas Altizer)나 윌리엄 해밀턴(William Hamilton) 등의 신죽음의신학자들(death of God theologian)처럼 고대의 '신의 죽음 신화'와 변증법적 이상주의를 분석하면서, 인격적 하나님과 그의 개인적인 성육신이 자율적 인간의 영, 절대적 영의 등장을 갈보리에서 폐지하였다고 말한다. 인간이 자아를 위한 삶을 내려놓고 부활 안에서 죽음과 희망을 수용하기 때문이다.[28]

그러나 새 예루살렘은 이 땅에서 구현해야 할 하나님의 도시 비전을 드러내는데, 그 출발은 땅의 시선이 아닌 하늘의 시선으로 땅을 바라보는 것이다. 초월적 가치와 대안적 비전이 있다면 땅의 도시들을 새롭게 설계할 수 있을 뿐 아니라 세속의 논의에서 간과된 영역을 발견할 수 있기 때문이다.

---

28   Graham Ward, *Cities of God*, 44-45.

세속적 욕망의 성화

사람들이 모여 사는 도시의 구심점은 무엇일까? 도시의 형성 과정에서 사람들을 연결하고 서로 협동하도록 하며 공동체를 세워가는 토대는 어디에서 찾을 수 있을까? 그레이엄 워드는 그런 요소 중 하나로 인간의 욕망을 든다. 욕망은 도시를 다양한 방식으로 형성하면서 이질적인 느낌을 부여하고, 이상의 집합체로서 유토피아적 공간을 창출하게 한다. 그러한 이상들은 최종적으로 인간의 욕망을 소비하며 끊임없는 욕망과 쉼없는 노동을 이끌어낸다. 오늘날의 세속화된 근대 도시 생활에서는 성적인 역동성, 판타지, 초월적 쾌감 등의 자원이 도시를 움직이는 원동력이자 목표가 되어왔다.[29] 성정모는 소비 사회 안에서 욕망이 자본의 논리에 따라 교육되고 일원화되는 현상에 주목하면서, 소비 사회가 개인의 욕망 추구를 최고의 행복으로 여기는 문화를 조장했다고 비판한다. 욕망의 공동체인 도시에서 백화점은 소비의 성전이 되어 종교의 중심지로서 영적인 기쁨을 제공할 뿐 아니라 자아를 초월하는 구원의 기능까지 담당하고 있다.[30] 이처럼 욕망의 집결지이자 성소인 쇼핑몰은 소비 사회의 영적 최고봉으로 우뚝 서 있다.

---

29   Graham Ward, *Cities of God*, 52-53.

30   성정모, *Yokmang Sahae (Sociedade de desejo)*, 홍인식 역, 『욕망사회』(서울: 한겨레출판, 2016), 158-162.

어떻게 보면 성서는 도시에 대해 모호한 태도를 보이기도 한다. 우선 성서에 나오는 최초의 도시들은 인간의 욕망과 반항적 권력에 의해 탄생했다. 아벨을 죽인 가인이 하나님께 벌을 받고 아들 에녹의 이름을 따서 만든 도시가 그 시작이다. 하나님을 상실한 인간은 그분을 대체할 권력이 필요했고, 그런 욕망이 도시를 만들어냈다. 에녹 이후의 바벨도 마찬가지다. 그러나 예루살렘의 등장으로 부정적으로 그려지던 도시의 이미지는 완전히 달라진다. 다윗과 솔로몬의 지휘 아래 하나님의 공간으로 변화된 시온(예루살렘)은 유토피아적 특징을 띤다. 그러다가 이스라엘 역사 후반에 등장한 바빌로니아가 이교적이고 파괴적인 도시로서 예루살렘과 대비를 이루고, 마침내 신약으로 넘어와서는 바빌로니아의 연장선에 있는 로마와 예루살렘이 서로 마주하게 된다. 로마는 예수의 핍박자이자 교회를 두려워하는 도시다. 그러나 결국 예루살렘을 통하여 기독교의 구원이 드러나며, 거룩한 예루살렘은 요한계시록에서 부활과 구원의 도시로 완성된다. 예루살렘은 하나님이 준비하신 전혀 다른 도시, 즉 '이질적 도시'(heteropolis)다.[31]

1990년대에 들어오면서 도시는 한차례 큰 변화를 겪는다. 경제의 세계화와 다국적 기업의 해외 진출로 도시 경제가 재구조화된다. 즉 산업 조직의 탈소속화로 생산, 교환, 재정, 기업 서비스가 도시에 복잡한 계층 시스템을 형성한 것이다. 이 새로운 시장은 민주주의 사회의 자유

---

31   Graham Ward, *Cities of God*, 33.

도시를 어떻게 구원할 것인가?

로운 합의 주체로 자아를 인식하던 우리가 더욱 강력한 소비자가 되기 위해 노력하게 하였으며, 결국 우리를 '생산하는 소비자'로 만들었다. 도시들은 점점 테마파크로 변형되고 소비를 위한 공간으로 재조정되면서 끝없는 욕망의 만족을 위한 자리가 되어갔다. '권력 의지'(*libido dominandi*)는 경제적인 동시에 성적이다. 이러한 도시적 욕망은 성적인 것으로 규정되며 이를 추구하는 것은 남근 숭배 행위와 같다. 리비도적 논리는 거세를 두려워하고 발기의 쾌락에 집중하며 사정의 쾌락 후 새로운 성적 대상에 대한 정복으로 이어진다.[32] 디즈니 기업은 가상 도시를 창조하고 가상 안에서 움직이면서, 스포츠와 레저에 막대한 자본을 투자하여 새로운 상품을 만들어낼 다양한 기술과 접목하고 있다. 이러한 새로운 도시 신화가 포스트모던적 도시 신화로 이어지면서 근대 도시를 대체하고 있다.[33]

기독교 신학은 도시의 욕망화와 원자화에 맞서 공동체적이면서도 신성적인, 강력한 참여의 교리를 바탕으로 상호 관계성과 초월성에 초점을 둔 교리에 집중할 필요가 있다. 그것은 바로 육체적·사회적·정치적·공동체적·성만찬적·그리스도적·신적인 몸들의 교리다. 도시 신학은 세속화된 도시 안에서 구체화된 욕망들이 어떻게 작동하는지, 욕망의 대상들은 어떻게 구성되고 어떻게 수단화되는지를 설명한다. 소비의 욕망으

---

32   위의 책, 55-56.
33   위의 책, 59.

로 가득 찬 도시에서 기독교는 욕망과 몸에 대해 세속과 다르게 설명할 수 있어야 한다. 인간의 세속적 욕망과 하나님을 향한 욕망에 관하여, 신앙이 사사화(개인화)되기 이전의 전통적 기독교에서는 어떻게 설명해왔는지를 살펴봐야 한다. 또한 성육신 교리의 의미를 확장하여 다양한 몸의 개념들로 발전시켜야 한다. 그 몸에 참여한 지체들은 사회적·시민적 몸들과도 연결되어, 시민 공동체와 그리스도의 성례전적 몸에 동시에 참여해 왔다. 기독교 신학은 이러한 전통에 관하여 다시 이야기할 필요가 있다.[34]

기독교 전통 안에서 하나님의 욕망, 하나님을 향한 욕망은 사적인 논리로 작동되지 않으며, 하나님도 자기의 욕망 때문에 인간을 사랑하는 것이 아니다. 그리스도인은 하나님을 사랑하지만 자신의 필요를 넘어선다. 그리스도의 형상에 관한 설명과 창조와 종말에 관한 전통적 교리에 따르면, 인간의 존재 목적은 성화이고 교회는 성도의 성화를 인도하며 모든 피조물은 하나님 안에서 세상의 구원에 대한 공동 협력자로 함께한다. 기독교의 욕망은 자아의 욕망을 넘어서며, 타자를 소비하지 않으며, 타자가 완전해지는 것을 자신 안에서 허락한다. 그러한 욕망은 궁극적으로 삼위 하나님 안에서 발견되고 사랑의 공동체를 통해 주어진다. 욕망에 대한 신학적 설명은 대안적인 에로틱 공동체를 그려낸다. 에로틱 공동체라는 것은 비유적인 표현이다. 교회는 공동체적 몸(조직)의 형태

---

34   위의 책, 75.

를 제공하면서, 시민과 사회적 몸(조직)들을 포용하고 확장해 나아간다.[35]

도시 속의 세속적 욕망을 어떻게 하나로 묶어 건강한 도시로 발전시킬 수 있을까? 욕망과 욕망의 충돌이 연속적으로 일어나는 도시 안에서 근대가 구축한 사회 계약만으로는 사회 질서를 완전히 조율할 수 없다. 교회는 허무한 욕망을 품게 하는 근대 도시의 거짓됨을 해체하고 도시민이 참된 것을 욕망할 수 있도록 훈육할 필요가 있다. 제임스 스미스의 주장처럼 세속 욕망의 훈육은 예전을 통해서 가능한 것이며, 구원의 이야기를 공동체적으로 재현하며 실천하는 교회를 통하여 성취할 수 있을 것이다.

---

35   위의 책, 77.

6장

군집의 그리고
공동체적인 도시

후기 세속 도시에서 종교는 세속 정부의 정책적 한계와 근대 도시의 폐해를 극복하는 하나의 방향이 되어야 한다. 그와 관련된 몇 가지 문제들을 생각해보자. 도시 공간에서의 배제와 차별 문제를 고민했던 앙리 르페브르는 앞에서 언급한 바와 같이 '도시에 대한 권리'를 주장한다. 도시 공간의 '전유'(모두가 일상 속에서 도시 공간을 향유하는 것)를 위해, 주변으로 쫓겨나고 도심을 강탈당한 이들의 인권, 즉 시민권을 강조한 것이다. 시민권으로서의 도시권은 국적이나 지리적 영역에 따른 시민권을 넘어서며 자국의 시민권자는 물론 이주자들도 포괄하는 도시 거주자 모두의 권리다. 르페브르의 도시권은 인권 및 사회 정의 개념과도 연결된다. 이는 도시의 평등한 이용권이라는 새로운 권리를 담은 "도시권 세계 헌장"(World Charter of the Right to the City)을 제정하려는 운동으로까지 이어졌다.[1]

시민권은 아우구스티누스 이후 기독교 전통에서도 중요한 개념으로 논의되어 왔다. 하늘과 땅의 시민으로서 교회는 시민권의 보편성과 포용성을 주장했고, 연합과 정의를 위해 행동을 하는 것과 동시에 시민

---

[1]   곽노완, 『도시정의론과 공유도시』(서울: 라움, 2016), 12-14. 인권의 개념은 시대에 따라 확대되어 자유권, 평등권, 소유권을 넘어 주거권에까지 이르고 있다. UN 인간 정주센터에서는 주거권이 기본적인 인권임을 명시하였다.

들의 덕목 및 공적 책임의 개념을 형성해왔다. 브라질 교회가 남미의 해방을 위한 저항의 상황에서 보여준 투쟁의 역사 속에서 공적 광장에 대한 접근권을 요구하고 정치적·제도적 해방의 길을 걸어온 것처럼[2] 도시 신학은 배제된 이들을 신학적으로 성찰하고 그들의 참여와 연대를 강화하는 한편, 공적 공간을 공유하며 지역 공동체성의 회복을 추구하는 방향으로 나아가야 한다.

공적인 열린 공간

공공신학으로서 도시 신학은 공공 정책과 사회 이슈를 다루는 데 있어 신학적 통찰을 제공하고 시민들의 비전과 가치를 함양하며 사회의 공공선을 증대하는 데 목적을 둔다. 그러한 도시 신학의 대표적인 예가 존 아더톤(John Atherton)의 연구다. 그는 로널드 프레스톤(Ronald Preston)을 기념하는 *Studies in Christian Ethics*에 "Marginalisation, Manchester and the Scope of Public Theology"라는 논문을 게재했다. 아더톤은 맨체스터 지역의 산업화 과정에서 발생한 경제적·제도적·문화적 '소외화' 과정을 분석하면서 공공신학적 접근을 시도한다. 맨체스터는 19세기에 급격한

---

2   Rudolf von Sinner, "Public Theology as a Theology of Citizenship," *A Companion to Public Theology* (Leiden, Netherlands: Brill, 2017), 238.

경제 성장을 이루어, 새로운 기술 개발과 시장 개척, 투자 환경 조성 등에 우호적인 문화가 있는 도시다. 이곳이 다양한 상품과 서비스의 판매로 상당한 수익을 내게 되면서 인구 집중과 도시 팽창이 가속화되었다. 그러나 일부 계층에 부가 집중되면서 노동자와 다른 계층들은 소외되었으며 이런 악순환의 반복으로 도시는 쇠퇴하게 된다. 아더톤에 따르면 소외 문제는 단순히 지역의 문제가 아니라 세계화에서도 주요한 이슈로서, 세계은행과 같은 국제기구들이 좋은 정부의 역할을 해야 한다. 민주적인 정치와 평등 지향적 정책으로 가난의 악순환 고리를 끊어야 하며 부의 증대에도 반복되는 소외화가 구조적인 문제임을 인정해야 한다.[3]

이와 같은 도시의 소외화 현상은 공동체적으로 접근해야 한다. 결국 공과 사의 모호한 구분 대신 제3의 새로운 공간 개념이 필요한 상황인데, 특히 도시 교회가 이에 대한 하나의 모델이 될 수 있다. 로널드 블라쉬케(Ronald Blaschke)가 제시한 "공동체 공간"(Gemeinwesen-Raum) 개념은 자율적 개인들의 민주적 공동체 공간을 뜻한다. 공동체 공간은 공적 공간이라기보다 공적이면서도 사적인 공간으로서 한나 아렌트(Hannah Arendt)의 개념을 차용한 것이다. 블라쉬케는 개개인이 지향하는 좋은 삶에 대한 이상과 각자의 이해관계 등을 공동체 공간에 끌어들이면서, 공적 공간을 변화에 열려 있는 공간, 모두에게 열려 있는 공유 공간으로 전

---

3   John Atherton, "Marginalisation, Manchester and the Scope of Public Theology," *Studies in Christian Ethics* 17 (2004), 26-30.

환하였다.[4] 비슷하게 윌리엄 템플(William Temple)은 공과 사 사이의 공간으로 "매개 조직"(intermediate organization)인 교회를 상상하였다. 매개 조직은 개인과 국가 사이, 조직과 조직 사이를 연결해주는데, 그는 이것이 교회 교구 체계(parish system)의 독특한 특징이라고 서술한다. 교회의 구성원이 아니고 종교적 배경이 다르더라도 한 지역에서 함께 살아가는 모든 이를 향해 책임성을 갖는다는 것이다. 한편 마누엘 카스텔은 이미 1990년대에 네트워크 사회(network society)를 논하였다. 그는 사람, 물자, 교통, 기술 등의 교류가 급증하면서 서로서로 연결된 글로벌 네트워크가 도래하고 있다고 주장한 바 있다.[5] 이러한 교류가 일어나는 "중간 영역", 즉 애매한 공유 공간은 모두를 향해 개방성과 포용성을 지니는 동시에 다양한 상상과 시도를 가능케 하는 새로움의 탄생지다.

최근에 특히 이 공유 공간의 개념이 주목받고 있다. 공유 공간은 모두가 직접 향유하는 열린 공간이며, 공동체가 개인이나 특정 집단에 배타적 향유권을 위임하거나 임대한 공간이다. 공유 공간은 특정한 공간에 국한되지는 않으나 대표적으로 광장, 도로, 공원, 바다 등이 있으며, 자본주의 사회 안에도 여러 형태로 존재한다. 공유 공간에 대한 논의는 자연 자원에 대한 공유권 및 사회적 유산에 대한 논의와 연결되는데, 이는

---

4 곽노완, 『도시정의론과 공유도시』, 74-75.

5 Christopher Baker, Elaine Graham, "Urban Ecology and Faith Communities," *A Companion to Public Theology*, 402-405.

148

도시를 어떻게 구원할 것인가?

19세기 사상가인 샤를 푸리에(Charles Fourier), 존 스튜어트 밀(John Stuart Mill), 카를 마르크스와 프리드리히 엥겔스(Friedrich Engels), 헨리 조지(Henry George), 허버트 스펜서(Herbert Spencer)를 거쳐 20세기에는 제프리 스미스(Jeffrey Smith), 무라트 보로발리(Murat Borovali) 등으로 이어지며 논의되었다. 이들은 자연 자원뿐 아니라 문화적·사회적 공동 유산의 공유권을 주장하기도 한다.[6]

　　공동체 공간에서 도시 공유로 논의를 확장하면, 도시 차원에서 공유 공간을 극대화하고 이를 모두가 향유할 수 있도록 하는 열린 공간을 꿈꿀 수 있다. 고대 아테네에서 볼 수 있듯 도시는 아고라와 같은 공유와 소통의 광장이 중심이 되었다. 공유할 수 있는 도시(shareable cities)의 비전으로 나아가려면 시민들의 다중적 특성을 이해하고 시민권을 확보하면서도 공동체의 연대를 꾀하며 공통의 비전을 제시할 필요가 있다. 공동체의 문제는 장-뤽 낭시(Jean-Luc Nancy)가 말한 대로 "공동-내-존재"인 인간의 근원에 대한 물음이기도 하고, 정치 철학적 문제이기도 하다. 근대의 도시화는 공동체를 파괴하고 낯선 개인의 집합체를 만들었다. 서울시에서 진행하는 마을공동체 사업도 공동체 재건의 일환으로서 사람의 가치를 되살리고 신뢰의 관계망을 형성하여 서울이라는 도시를 '공동체들의 공동체'로 구성하려는 시도라고 볼 수 있다. 공동체는 구성원들이 실제적인 인격체로서 생생하고 구체적으로 연대하여 이루어진 집

6　　곽노완, 『도시정의론과 공유도시』, 78.

합체다. 이러한 생활 공동체를 형성하기 위한 움직임들이 자발적·참여적 민주주의의 특성을 지닌 지역 사회의 풀뿌리 운동으로 자리 잡고 있다.[7]

공유 공간과 지역 공동체를 논의할 때 도시 교회가 가진 장점은 상당하다. 교회는 스스로를 위해 존재하지 않는다. 그것은 모든 창조물의 구원에 관심을 둘 뿐 아니라, 자신의 이익보다 도시의 복지(welfare of the city)를 추구한다. 교회는 도시의 공통된 목적인 공공선을 추구하기 위해 신앙을 가지고 참여하며, 오늘날의 다원화된 사회에서 관용으로 다른 집단을 인정하는 동시에 예언자적 태도와 대안적인 관점을 견지해야 한다.[8] 루돌프 폰 시너(Rudolf von Sinner)는 브라질의 해방신학이 도시의 사회적 약자를 향한 우선적 배려에 관심을 두며, 특히 인권을 비롯한 시민권(citizenship) 관련 논의를 활발히 이어왔다는 점에 주목한다. 그는 기독교 전통에서 이어온 시민권 개념은 하나님의 도시와 땅의 도시에 대한 시민권을 모두 포함하며, 모든 시민을 대상으로 한 수용성, 거룩성, 사도성, 공적 책임 및 시민적 덕목들을 다뤄왔다고 주장한다.[9] 다양한 인종, 문화, 종교, 언어, 계층이 혼합된 도시 구성원 모두를 위한 공간을 세워가기 위해서는 특정한 배경을 바탕으로 하는 배타적 시민권이

---

7   위의 책, 211-214.

8   Elaine Graham, "Showing and Telling," *Practical Theology* 9 (2016), 153.

9   Rudolf von Sinner, "Public Theology as a Theology of Citizenship," 234.

아닌 포괄적이고 확장 가능한 시민권에 대한 논의가 필요하다. 니코 쿠프만(Nico Koopman)은 삼위일체의 관계적 존재론에 기반한 샐리 맥페이그(Sallie Mcfague)의 "행성적 신학"(planetary theology)을 설명하면서 지구적 시민권, 협력적 시민권 개념을 주장한 바 있다.[10]

교회는 낯선 자들을 위한 열린 공간을 마련하고 그들과 연대하며, 신자들을 책임 있는 공적 시민으로 양육하고 그들이 시민 사회의 한 구성원으로 활동하도록 독려할 필요가 있다. 나아가서 도시 공간이 자본에 의해 점유되고 사사화되는 것에 대하여 경각심을 가져야 한다. 공적 공간과 사적 공간으로 구분하는 이분법은 공간에 대한 참여와 전유의 가능성을 극명하게 나눌 뿐 아니라, 공적 공간은 국가와 관료주의적 체제로 돌리는 한편 사적 공간은 급격히 사유화·자본화되게 할 우려가 있다.

지역의 공동체성 형성

도시 재생의 핵심 요소는 '지역 공동체의 참여'다. 2000년대 초, 영국의 도시 재생 정책이 한창이던 당시 전문가들도 지역 공동체의 참여가 중요하다고 주장했다. 리처드 파넬(Richard Farnell), 그레그 스미스(Greg

---

10   Nico Koopman, "Some Comments on Public Theology Today," *Journal of Theology for Southern Africa* (2003), 3-12.

Smith), 마리 메이시(Marie Macey) 등은 지역 공동체와 전략적 파트너십을 유지할 필요가 있으며, 특히 영국 사회의 종교 전통을 고려하여 신앙 공동체들의 참여가 중요하다고 입을 모았다.[11] 영국은 구심 개발에서 신앙 공동체의 중요성을 인식하고 1992년 ICRC(Inner Cities Religious Council)를 설립했다. 기독교, 힌두교, 유대교, 이슬람교, 시크교의 대표들로 구성된 이 모임은 90년대 후반부터 도시 재생 사업에 참여했으며 소수 인종의 교육과 공동체 형성에 상당한 기여를 해왔다. 그 후 2002년에 설립된 LGA(Local Government Association)에서는 각 지역 안에서의 종교 간 협력을 도모하고 네크워크 구성을 시도했으며 영국 사회의 지역, 인종, 종교 간의 대립을 해소하면서 사회 통합을 위한 주요 통로 역할을 감당했다.[12]

교회가 도시 재생 사업에 참여해야 하는 이유와 참여할 때의 목표 가운데 핵심은 건강한 도시민을 양성하고 공동체를 회복하는 것이다. 도시민 중에 자기 이익을 넘어 타자와 지역의 요청에 관심을 두고 헌신적으로 참여하는 이가 많아질수록 지역 사회는 빠르게 회복될 것이다. 지역 공동체의 활성화에는 경제적·물리적 측면과 함께 관계적·정서적 측면도 포함해야 하며, 특별히 공동체성 증진을 위한 정책들이 필요하다. 이런 부분에서 다른 시민 단체나 조직과 다르게 교회가 기여할 수 있는

---

11   Richard Farnell, Robert Furbey, Stephen Shams al-Haqq Hills, Marie Macey, Greg Smith, *'Faith' in Urban Regeneration?: Engaging Faith Communities in Urban Regeneration* (Bristiol, UK: Policy, 2003), 1-2.

12   Richard Farnell, et al, *'Faith' in Urban Regeneration?*, 7-8.

부분은, 지역민들의 자긍심을 일깨워주고 사람들을 네트워크화하여 지역의 문제를 함께 풀어가는 공적 공간의 역할을 하는 것이다. 교회 공동체는 지역 공동체의 실제적 삶의 문제에 관심을 두기에 참여와 연대를 도울 수 있는 중요한 자산이 된다.

영국에서는 신앙에 기초한 여러 프로젝트(faith-based projects)를 진행하면서 도시와 지역 공간을 새롭게 창출하고 있다. 2003년 런던에서 시작된 "거리의 목회자"(Street Pastors) 프로젝트는 초교파 교회들이 도시의 소외된 이들을 위한 사역으로 작게 시작한 모임이다. 그들은 도시의 폭력과 폭력단 문화(gang culture)를 근절하기 위하여 총기 범죄의 희생자들 및 과거 조직 폭력에 가담했던 이들과 함께 운동을 시작했다. 또한 영국의 버밍엄 교회 연합은 "Bringing Hope"이라는 단체를 설립하고 총기, 마약, 무기류 관련 범죄를 방지하고자 흑인 교회들과도 협력하면서 광범위한 운동을 전개하였다.[13] 2004년 버밍엄 교구에서는 그들의 활동을 사회적 자본의 관점에서 조사한 한 연구 결과를 발표하여 다양한 사역과 활동이 시민 사회 재건에 긍정적 영향을 미쳤음을 밝혔다. 버밍엄 교구는 지역 공동체 내 직장인을 위한 기술 개발 프로그램 마련, 공동체 카페와 IT 프로젝트 후원 및 주도, 유소년 교육 모임을 위한 공간 제공, 성인 교육, 운동장 개방 등과 같은 지역 프로그램으로 큰 호응을 얻었다. 교회가 사회적 자본의 한 유형인 신앙적 자본(faithful capital)을 통해 지역

---

13   Chris Shannahan, *Voices from the Borderland* (London: Routledge, 2014), 27.

사회에 크게 공헌할 수 있는 것은 헌신된 자원봉사자들, 훌륭한 리더십, 강한 협력 정신, 안정성과 지속성, 참여를 위한 공간과 재원을 갖추고 있기 때문이다. 신앙은 도덕적 가치를 공유하게 하여 강한 공동체 정신을 형성할 뿐 아니라 공동체적 철학을 제공함으로써 봉사자들의 정서적 토대를 형성하여 이웃과 지역 사회에 긍정적 영향을 미치고 있다.[14] 새롭게 형성되는 뉴타운과 교외 지역의 이주민들이 지역 사회에 잘 정착하려면 지역 공동체와 연결되어야 하는데, 특별히 교회를 통한다면 인종적·문화적·정서적·관계적 네트워크를 활용하기가 수월하다. 교회 공동체는 '함께함의 정서'(feeling of togetherness)를 줄 뿐 아니라 다양한 소그룹을 통해 친밀감을 높이고 사회 참여의 기회를 제공할 수 있다.[15]

*Faith in the City*를 발간했던 성공회 도시 사역 위원회는 인간의 가치와 목적에 관한 깊은 주제들이 도시 공간과 환경에서 어떻게 고려되어야 하는지를 몇 가지 질문으로 제시한다. 1) 어떻게 신앙적 가치들을 오늘날 주요 도시 재건의 전략으로 삼을 수 있을까? 2) '건조 환경'의 설계 속에 (폭넓은) 구원 교리들을 첨가할 수는 없을까? 3) 건축물의 목적과 설계 속에서 좋은 도시가 무엇인지 성찰할 만한 것을 발견할 수 있을까? 4) 도시 환경 설계에는 어떤 가치가 함의되어 있는가? 거기에는 참

---

14   Church of England, Commission on Urban Life Faith, *Faithful Cities* (London: Methodist Pub. House, 2006), 12.

15   John Reader, *Local Theology: Church and Community in Dialogue* (London: SPCK, 1994), 52-53.

된 인간에 대한 궁극적 비전들이 담겨 있는가? 5) 도시 안에 초월적 의미를 주는 공간이 있는가? 6) 도시 안에서 '하늘의 도시'(heavenly city)와 비슷한 세속적 공간은 어디인가? 7) 도시의 어떤 스토리가 우리 자아에 영향을 미치고 있는가?[16] 이러한 질문의 이면에는 도시 공간의 설계와 건조 환경에서 중요한 것이 무엇인지를, 가치와 의미 차원에서 재해석하려는 의도가 깔려있다.

티모시 고린지는 이러한 질문들이 정확히 신학적 과제를 담고 있다면서, 신학은 가치와 정서를 배양하고 건조 환경, 도시계획, 공동체의 영적 차원을 강화할 수 있다고 했다. 그는 신학적 혹은 형이상학적 가치가 구체화되는 공간이 교회이며, 교회를 통해 도시의 일상적 삶 안에 그런 가치와 의미들이 스며들어 좋은 도시와 좋은 공동체에 관한 비전을 보여줄 수 있다고 주장한다.[17]

Faith in the City

1985년에 발간된 *Faith in the City* 보고서의 핵심은 세속화로 인해 도시 안에서 사라졌던 '신앙'을 발견한 것이며, 비록 출석 교인이 감소하고 교

---

16   Church of England, Commission on Urban Life Faith, *Faithful Cities,* 56-57.

17   Timothy J. Gorringe, *A Theology of the Built Environment,* 14-19.

회의 영향력이 줄어도 '신앙'이 (교회의 공적 책임인) 사회적 약자와 함께 하는 삶의 원동력이 될 수 있다는 사실이다. 신앙은 여전히 우리의 도시 안에 매일의 현실로서 현존한다. 그것은 우리에게 많은 이야기를 전해 주며, 인간의 생명이라는 환원할 수 없는 가치와 물질적 영감을 넘어선 정의와 평화라는 신적 차원을 바라보게 한다.[18] 또한 신앙은 제자도라는 실천적 지혜(practical wisdom)를 통하여 신앙과 행위의 본질적 상호 관계 성을 형성하고 종교 단체(faith-based organization)를 통해 정책에도 상당히 기여하고 있다.[19] 이처럼 신앙은 많은 사람이 건강한 삶을 지속할 수 있 도록 동기와 방향성을 부여하는 중요한 자원이다. 종교마다 전통과 교리 적 차이가 있지만, 시민들이 건강한 사회적 삶을 살아가게끔 하는 중요 한 자원인 것은 분명하다.[20]

필립 셸드레이크(Philip Sheldrake)는 도시의 영적 공간에 관심을 두면 서 건물이나 공공 공간 있는 모든 성스러운 장소들이 삶의 궁극적 의미 를 성찰하는 데 도움을 준다고 주장했다. 나아가서 우리의 관심을 더 좋 은 도시 공간을 향한 비전과 가치에 이르게 한다고도 했다. 성스러운 공 간은 개인과 공동체 모두로 하여금 그들의 자아 속 깊은 곳에 있는 무엇 인가에 집중하게 하기에, 소비 사회에서 일회적이고 소모적인 삶을 살

---

18   Elaine Graham, Stephen Lowe, *What Makes a Good City?*, 154-155.

19   위의 책, 156.

20   Richard Farnell, et al, *'Faith' in Urban Regeneration?*, 20.

도시를 어떻게 구원할 것인가?

아가는 현대인에게 절대적으로 필요한 공간이다. 오늘날 성스러움에 대한 이해는 기억 속에 머물러 있기 때문에 셸드레이크는 집단적 경험과 공유된 경험의 역사에 주목한다. 이런 맥락에서 교회와 다른 종교 건축물들은 여전히 도시 공동체로 하여금 영적이고 성스러운 정서를 추구하도록 안내한다.[21]

그레그 스미스는 기독교인과 다른 신앙인의 공통 가치를 크게 세 가지로 보았다. 첫째는 평화와 협력, 둘째는 사회 정의와 평등, 셋째는 이웃에 대한 사랑이다. 민주 사회의 시민은 신앙의 유무와 상관없이 타자와 협력하고 공존하려는 의지가 있으며, 신앙의 가치뿐 아니라 사회 전반에 공유되는 공통의 가치를 공유하려 한다.[22] 신앙 공동체가 도시 재생에 기여할 수 있는 영적이면서도 사회적인 부분은 초월적 가치와 선한 동기를 제공하는 것이다. 도시 정부나 시민들은 신앙 공동체의 참여가 낯설거나 맥락 없는 것으로 여길지 모르나, 신앙 공동체도 지역 공동체의 한 구성원으로서 지역 문제와 이슈들에 관해 충분히 공감하고 있다. 신앙 공동체는 각자의 종교 전통에 따라 참여 방식이 다르고 그것이 세속 정부의 정책 방식과도 차이가 있을 수 있지만, 기본적으로는 영적 자본을 기반으로 시민들의 정서 회복 및 지역 문화와 공동체성 재건을 위하여 공동체의 가치와 의미를 쇄신하는 부분에 관심을 둔다.

---

21   Laurie Green, Christopher Baker eds., *Building Utopia?*, 168.

22   Church of England, Commission on Urban Life Faith, *Faithful Cities,* 68.

신앙은 생명 그 자체가 성스럽고, 우리의 삶이 상호 관계 안에서 연결되어 있으며, 모든 생명이 서로의 번영을 위해 존재하고 있음을 깨닫게 한다. 인간의 번영과 좋은 도시를 향한 비전은 세속 사회만의 전유물이 아니라 종교의 책임과 역할이기도 하다. 따라서 종교는 교리 안에 갇혀 있지 말고 지역 사회의 풀뿌리 운동처럼 활발한 지역 활동에 참여해야 한다.[23] 신앙적 자본은 신앙 공동체 안에서만이 아니라 신앙을 가진 도시민들의 모든 삶의 자리에서 작동한다. 신앙은 오늘날 우리의 도시를 보다 역동적으로 움직이는 중요한 요소로서, 기독교, 힌두교, 이슬람, 불교 등 각 공동체가 독특한 문화적 유산과 교육으로 시민을 양육하고 있다. 이러한 자원은 '영성'이라는 말로 표현할 수도 있겠지만, 개인적·내면적 차원을 넘어서서 공동체와 사회에 영향을 미치는 종교성과 그힘이라고 말할 수도 있을 것이다.

일레인 그레이엄과 피터 스캇(Peter Scott)은 '신앙적 자본'이 일반 사

---

23   위의 책, 2. Rachael Chapman과 Leila Hamalainen은 후기 세속 사회 안에서 종교 단체들이 지니고 있는 영적 자본(spiritual capital)을 크게 네 가지로 기술한다. 첫째는 정체성, 가치, 신념을 표현하여 다른 사람을 돕는 것으로서, 종교는 특정한 행위의 동기와 방향을 제공한다. 둘째는 공동체성의 형성이다. 종교 공동체는 현대 도시의 개인적 삶의 대안으로 소속감과 안정감을 제공한다. 셋째는 신앙 공동체의 사회적 관심을 통하여 거기 속한 개개인도 자아를 넘어서는 이타적 삶을 지향하게 한다. 마지막으로 넷째는 현실을 넘어서는 변화를 추구하는 삶을 살게 한다. Rachael Chapman, Leila Hamalainen, "Understanding Faith-Based Engagement and Volunteering in the Postsecular Society: Motivations, Rationales and Translation," *Postsecular Cities*, 188-192.

도시를 어떻게 구원할 것인가?

회 과학에서 논의되는 '사회적 자본'과 연결되는 부분이 상당하다고 주
장한다. 사회적 자본은 인적 자본, 자연 자본, 종교적 자본, 신앙적 자본,
사회적 자본, 문화적 자본까지 포함하는 좀 더 포괄적인 개념이고, 이 중
신앙적 자본은 교회 안팎에서 사회 정의와 공공선을 세우기 위한 자원
으로서, 신앙의 실천을 통해 예언자적 영향력을 발휘하게 한다. 교회 공
동체가 도시와 시민 사회에 제공할 수 있는 영적 자본, 신앙적 자본은 이
처럼 사회적 자본과 맥을 같이 하기에, 신앙인들에게 사회적 자본은 공
동체의 가치와 문화를 설명할 수 있는 좋은 개념이다.[24] 신앙적 자본은
웰빙(well-being)과 행복에 상당한 영향을 미치는데, 우선 사람들의 동기
를 자극하여 물질적 가치가 아닌 정서적·성찰적 가치에 헌신하게 한다.
그뿐만이 아니라 종교 공동체에서 형성되는 네트워크와 예배, 기도, 봉
사 등의 실천적 종교 생활은 생활의 균형과 건강함을 유지하는 데 상당
한 도움을 준다.[25]

　　로버트 퍼트넘(Robert David Putnam)은 이탈리아 지역 정부들 내에

24　사회적 자본은 다양한 개념으로 이해되고 있으나, 일반적으로 사람과 사람 사이의
　　협력과 사회적 거래를 촉진시키는 일체의 신뢰, 규범, 연결망 등 사회적 자산을 포
　　괄하는 용어다. 1980년대 후반부터 연구되어왔고 경제 자본, 인적 자본과는 다르게
　　실제적으로 보이지 않지만 새롭게 부각되고 있는 자본의 한 형태로서 사회 발전의
　　중요한 원동력이 된다. 사회적 자본은 그 중요성에도 불구하고 정책 패러다임에서
　　무시되어왔던 분야다. 장시준, "사회자본의 개념과 교육적 시사점"(서울: 한국교육학
　　술정보원, 2006), 6.

25　Elaine Graham, "Health, Wealth or Wisdom? Religion and the Paradox of
　　Prosperity," *International Journal of Public Theology* 3 (2009), 14-15.

서 이루어진 일을 연구하면서 서구 경제 안에서 사회적 자본이 줄어들고 있다고 비판한다. 사회적 자본은 개인 간의 연결, 사회적 네트워크 및 상호 의존의 규준, 그리고 사람 사이에 발생하는 신뢰성(trustworthiness)을 포괄한다. 퍼트넘은 사회적 자본의 형태를 세 가지로 구체화하는데, 그것은 바로 결합(bonding), 연결(bridging), 관계(linking)다. 이들 모두 신뢰, 규범, 연결망을 기반으로 하기에 퍼트넘 역시 교회를 가장 풍부한 사회적 자본의 보고라고 본다.[26] 여기서 결합(bonding)은 그룹 내 사람 간의 하나 됨을, 연결(bridging)은 다른 그룹들과의 수평적 연결을 의미하며, 관계(linking)는 수직적 연결로서 권력과 자원의 중심들과의 연결이다. 이러한 정의는 종교와 영적 자본이 다른 자본에 비해 불리할 것이 없으며, 특히 '인간의 행동과 경험'이 사회적 자본에 중요한 공헌을 하고 있음을 잘 보여준다.[27] 제임스 콜먼(James Samuel Coleman)은 사회적 자본이 다양한 형태를 취할 수 있으나 첫째로 사회적으로 구성되며, 둘째로 주어진 구조에 속한 개인이나 집단이 특정한 행위를 하도록 유도하고 촉진하는 것으로 보았다. 사회적 자본은 신뢰성을 기반으로 하는 의무와

---

26   Robert Putnam, "The Prosperous Community: Social Capital and Public Life," *The American Prospect* 13 (1993), 35-42.

27   Christopher Baker, Peter Stokes, Jessica Lichy, John Atherton, Danny Moss가 2011년에 윌리엄 템플 재단의 지원으로 발표한 자료 "Values, Beliefs and Attitudes in the Era of Late-Capitalism: A Consideration of the Re-Emergence and Re-Positioning of Faith and Spirituality as Spiritual Capital in the Workplace"(2011)에 나온 내용이다.

기대, 사회 구조의 정보 유통 능력, 효과적 제재를 동반하는 규범으로서 명백히 공적인 성격을 띤다고 볼 수 있다.[28]

크리스 베이커도 로버트 퍼트넘의 말을 인용하면서 교회가 사회적 자본을 통해 지역민의 목소리를 자세히 듣고 실천하면서 지역 사회에 공헌해야 하고, 다른 종교들과도 연대하면서 공통의 삶(common life)에 참여해야 한다고 주장한다. 공동체의 예배와 기도는 도덕 체계와 세계관을 통해 지역 사회에서 구체화되기 때문이다.[29] 사회적 자본으로서의 신

---

28 James Coleman, "Social Capital in the Creation of Human Capital," *American Journal of Sociology* 94 (1988), 94-121. 유석춘과 장미혜는 사회 자본을, 개인이 사회적 관계를 통해 다른 사람의 관심이나 도움을 얻어 자원을 동원하는 능력으로 보았다. 또한 나아가서 인적 자본과 문화 자본까지도 포괄적 의미에서 사회 자본의 한 유형으로 볼 수 있기에, 사회적 신뢰와 협력, 네트워크를 통한 개방된 연대를 통해 더 나은 사회를 만들어갈 수 있다고 지적한다. Pierre Bourdieu, 유석춘 외 편역, 『사회자본: 이론과 쟁점』(서울: 그린, 2015) 중 "사회자본과 한국사회", 15-51.

29 Christopher Baker, "Spiritual Capital and Economies of Grace: Redefining the Relationship between Religion and the Welfare State," *Social Policy and Society* 11 (2012), 571. Justin Beaumont은 사회적 자본의 일환으로서의 종교적 자본에 관한 논의에서 도시 안에 있는 종교 단체(faith-based organizations)의 중요성을 다시 주장한다. 그는 bonding과 bridging의 탁월성을 언급하면서 bonding은 공동체 내부의 결속을 다지는 것이고 bridging은 공동체 밖의 사회적 이슈나 단체에 관심을 두는 것이라고 말한다. 그는 후기복음주의(post-evangelism) 신학이, 개인과 사회를 구분하면서 개인주의적 신앙을 강조하는 이분법적인 특징을 넘어 지역과 사회 문제에 관심을 둔다면서, 네덜란드의 로테르담(Rotterdam)에 있는 사회 복지 기관인 Pauluskerk의 역할을 소개한다. 그는 이 기관이 칼뱅주의 전통에 서 있으면서도 쉼터 제공, 사회적 서비스, 목회적 돌봄, 노숙인 돌봄, 그 외 약자들을 위한 사역에 있어 탁월함을 보이고 있다고 주장한다. Justin Beaumont, "Faith Action on Urban Social Issues," *Urban Studies,* 45 (2008), 2019-2027.

앙적 자본은 영적 자본(spiritual capital)과 종교적 자본(religious capital)으로 구분할 수 있다. 영적 자본은 비가시적 자본으로 종교의 가치와 의미, 구성원의 관계 등이고 종교적 자본은 돈과 건물 같은 가시적 자본이다. 그리고 이들의 특징은 다음과 같다. 1) 영적 자본은 사람들이 자신의 육체를 개선하려 하듯 인격적·영적 변화에 집중한다. 2) 개인적 변화를 일으키는 과정에서 특별히 인격적인 부분에 집중한다. 3) 건강한 공동체의 형성 과정에 정서적 측면이 있음을 받아들이고 감정(feelings)의 중요성을 인식하며 자기 비움, 용서, 변혁, 배움을 위한 개방성, 위험을 감수하는 태도 등의 가치를 인정한다. 4) 소외된 이웃에게 우선적인 관심을 두고 이들을 집중적으로 받아들인다. 5) 사람들이 본인의 내적 자원을 통하여 자기 문제의 해결책을 스스로 찾아낼 수 있도록 이끌고, 특히 종교 공동체와 전통으로 함께 할 수 있음을 알게 한다.[30]

크리스 베이커는 영적 자본이 영적인 지식이자 개인이나 문화에 적용할 수 있는 전문화된 영역으로서, 윤리와 도덕의 가치 체계를 통하여 삶의 의미, 본질적 가치, 인생의 근본 목적을 제시하는 것과 관련된 것이라고 주장한다.[31] 물론 영적 자본만으로 도시 재건이나 기업의 실질적 업무가 가능한 것은 아니다. 하지만 사람들을 묶어주고 그들에게 도덕

---

30   Christopher Baker, "Spiritual Capital and Economies of Grace: Redefining the Relationship between Religion and the Welfare State," 572.

31   Danah Zohar, Ian Marshall, *Spiritual Capital* (London: Bloomsbury, 2004), 41.

도시를 어떻게 구원할 것인가?

및 동기 유발의 프레임을 제공하면서 사회적 에토스를 형성하는 일에는 상당한 기여를 할 수 있다. 신앙적 자본은 도시 안에서 사람들의 마음속에 현존하고 있으며, 끊임없는 일상 가운데 종교적 희망과 신념을 통하여 실천되고 있으며 사람 사이의 연결 고리 안에서 살아 움직이고 있다.

정의와 평화의 도시 비전

도시에 대한 새로운 비전을 세우면서 고려해야 할 것은 지역성과 공동체성이다. 새로운 정체성과 시민들이 경험하는 다양한 이야기를 어떻게 하나의 비전으로 통합할 수 있느냐가 관건이다. 이를 위해서는 도시를 공원, 도로, 건물로 보는 물리적 관점이 아니라 생활하고 이웃을 만나고 공동의 생계를 영위하는 곳으로 보는 관계적 관점이 필요하다. 즉, 비전의 형성을 위한 공통의 기초로서 관계성에 대한 인식 전환이 있어야 한다는 것이다. 그리고 다양한 정치적 정체성이 민주주의의 틀 안에서 한데 얽히면서 조화와 질서의 비전을 형성하는 것이 핵심이다.[32] 한편 도시를 움직이는 경제의 흐름이 변하고 있는 것도 고려해야 한다. 세계화된 상황 속에서 지식과 정보가 중심이 되고 네트워킹을 통한 상호 공

---

32 Ash Amin, Doreen Massey, Nigel Thrift, *Cities for the Many Not the Few* (Bristol, UK: Policy, 2000), 7-14.

존과 협력이 증대되고 있는 현대 도시에서는 새로운 산업이 지속적으로 발생하고 있으며, 특히 이주자의 증가로 거주민이 다원화되면서 사회성을 형성하는 데 경제가 중심이 되었음을 인정해야 한다. 그에 따라 복잡한 일상을 살아가는 도시민의 인격과 사회성 형성을 위한 공간의 창출도 중요해진 상황이다.[33]

존 아더톤은 변화하는 시대에 기독교가 제시하는 도시의 비전은 구체적이고 실천 가능하고 지속 가능해야 한다면서, 그것을 그리스도의 몸(body of Christ)과 공공선이라는 두 개념으로 설명했다. 다양한 그룹이 혼재된 혼종적 도시 안에서 그리스도의 몸이라는 연합의 이미지는 서로의 차이를 존중하면서도 결국 서로가 상호 연결된 유기체임을 깨닫게 할 수 있다. 또한 현대 사회가 담당할 수 없는 초월적 가치를 향한 공동 목표인 공공선의 추구는 기독교가 탁월성을 발휘할 수 있는 부분이다.[34] 이처럼 종교는 새로운 정체성의 공간을 창조하고 세속 사회와는 다른 대안적 공동체의 비전을 제시하면서 사회 구성원과 시민들에게 희망과 기쁨을 선사해줄 수 있다. 종교는 수많은 자원봉사자와 사회적 돌봄 프로그램으로 지역 사회를 활성화하는 동시에, 지역 안에 화해와 평화와 관용의 문화를 형성하면서 낯선 이들을 환대하고 사회적 약자를 돌보는 공적 기관이다.

---

33   위의 책, 46.
34   John Atherton, *Faith in the Nation* (London: SPCK, 1988), 67-68.

에드워드 소자는 정치·사회철학과 사회 이론에서 제기되는 '공간적 선회'의 개념을 더 발전시킨 "공간적 정의"(spatial justice)의 개념을 제시하였다. 공간적 정의란 단순히 정의(正義)의 부분 집합도 아니고 공간 안에서의 정의로 한정되지도 않는다. 그는 정의가 태생적으로 공간적인 특성을 지니며 또 그래야 한다고 주장한다. 물론 이때의 공간은 물리적 공간이 아니라 사회적 공간이며, 특히 도시 공간이다. 소자는 '정의의 공간성' 또는 '공간 정의'에 대한 탐색을 통해 도시의 새로운 가능성과 도시 운동의 방향을 제시하고 다양한 공간적 정의를 찾아가는 문제로 나아간다.[35] 정의를 제도와 정책을 통해 실현하려 하는 사법적 정의는 도시와 공동체 안에서 온전한 가치를 드러내기가 쉽지 않다. 정의에 관하여 훈육과 실천을 담당할 수 있는 기관은 학교 외에 전무하기 때문이다. 또한 각자의 이익과 행복을 최대의 선으로 여기고 추구하는 거짓된 정의로는 도시를 선한 공동체로 이끌 수 없다. 좀 더 깊고 높고 넓은 차원의 정의에 관한 논의가 필요하며 이를 교육할 수 있는 공간도 마련되어야 한다.

에드워드 소자는 서구 전통의 정의론이 탈공간화되어 있음을 지적한다. 즉 정의가 초공간적·초역사적 개념으로서 자유, 기회, 부, 자기 존중 등 개인적 차원에서 가치 있는 재화의 공정한 분배와만 연계되어 있고 집단의 공간적·역사적 차원과는 무관하게 여겨져왔다는 것이다. 아

---

35   곽노완, 『도시정의론과 공유도시』, 43-46.

이리스 마리온 영(Iris Marion Young)은 정의가 다차원적 측면에서 억압되어 있는 부정의로부터 해방되어야 하며, 그것을 위해 민주적 과정이 필요하다고 주장한다. 그는 부정의를 크게 다섯 가지 차원으로 구분하였는데, 착취(exploitation), 주변화(marginalization), 권력 박탈(powerlessness), 문화 제국주의(cultural imperialism), 폭력(violence)이 그것이다. 영은 계급의 문제 내지는 구조적인 관계와 연동된 마르크스주의의 부정의 개념을 수용하면서도 그 개념을 좀 더 확장한다.[36] 이와 같이 다차원적 정의를 공간적 정의와 연결하면서, 사유화되고 자본화된 공간에 대한 거주자들의 접근권을 전유라는 방식을 통해 지속적으로 확장하고자 할 때, 우리는 교회 공동체에 주목해볼 필요가 있다. 법적 정의보다 더 폭넓은 신적 정의를 이해하는 교회 공동체는 지역 사회 안에서 정의 실천에 실질적으로 참여할 수 있는 거의 유일한 도시 공동체다. 벤저민 밸런틴(Benjamin Valentin)은 남미의 해방신학이 공공신학으로 전환되어야 한다고 말한다. 그러면서 남미의 식민 지배 역사를 극복하고 지역의 문화 정체성을 보존하는 동시에, 더욱 폭넓은 사회·정치적 차별과 불평등 해소에 도시 교회가 참여해야 한다고 주장한다. 도시의 정의와 평화를 세우는 일은 개개인의 정체성을 형성하는 사회적·문화적 정체성과 긴밀히 연결되어 있다.[37]

---

36   위의 책, 50-52.

37   Benjamin Valentin, *Mapping Public Theology: Beyond Culture, Identity, and Difference*

우리는 도시 공간의 정의를 논의할 때 그것이 누구를 위한 정의인가를 고민해야 한다. 최근의 도시 공간은 다양한 정체성이 마주하는 공간으로 변모하고 있다. 종교, 인종, 언어, 문화, 출신이 뒤섞여 있는 복합적인 도시 공간에서는 '정체성의 정치'(identity politics) 혹은 '차이의 정치'(politics of difference)가 갈등과 분열을 초래하고 있다. 베이커와 샌더콕이 묘사하듯 도시와 개인의 정체성에 깃든 다문화주의, 혼종성(hybridity), 복합성(multiplicity)을 새롭게 인식하면서, 우리는 서로의 공통성(commonality)을 확인하고 타자에 대한 환대와 포용으로 나아가야한다.[38] 그런데 크리스 샌너핸은 차이성와 혼종성을 인식한 도시사회학자들이 정작 그 핵심부에 자리하는 종교의 중요성을 간과해왔다는 사실을 지적한다.

사스키아 사센의 『세계도시』(*The Global City*)에도, 도시의 변화를 주도하는 요소로서의 종교의 다양성이나 시민의 정체성을 형성하는 종교에 관한 언급은 존재하지 않는다. 마누엘 카스텔의 경우 공간의 새로운 형성적 흐름은 잘 포착했지만 종교를 하나의 고정된 형식으로 이해했다. 폴 길로이(Paul Gilroy)는 행성적 휴머니즘 개념을 통해 인종을 넘어 도시 공간의 변형된 사회적 현실을 수용할 것을 주장했지만, 그 역시 신앙에

(Harrisburg, PA: Trinity Press International, 2002), 43-45.

38   Chris Shannahan, *Voices from the Borderland*, 39-43.

근거한 휴머니즘을 언급하지 않는다.[39] 그러나 우리는 공간적 정의 실현에 기여할 수 있는 종교의 영적·신앙적 가치를 인정하고 활용할 뿐 아니라, 정의 실현의 대상자이자 실천자인 종교 공동체와의 협력 방안을 고민해야 한다. 후기 세속 사회에서 종교는 사회 정의와 평화를 이룩하기 위한 좋은 파트너다. 특히 소수 인종과 사회적 약자를 향한 교회의 관심과 실천들은 공간 정의의 실현을 추구한 모범 사례라고 할 수 있다. 종교는 도시의 구성원으로서 오랫동안 함께해왔을 뿐 아니라 현대 도시가 지향하는 공공성과 공동체성의 모델도 제공할 수 있다. 인간의 합리성을 넘어서 미학적·관계적·영적 가치를 담보할 수 있는 교회 공동체는 도시가 지향하는 정의와 평화 등의 본질적 가치를 도시 공간 안에 구체화하는 데 충분한 도움을 줄 수 있을 것이다.

---

39   위의 책, 47-54.

7장

도시의 순례,
성찰적 여가

도시계획 이론가 케빈 린치(Kevin A. Lynch)는 『도시 환경 디자인』(*The Image of the City*, 광문각 역간, 2003)에서 도시 이미지의 다섯 가지 기본 요소를 정의했는데, 그것은 길(paths), 경계(edges), 구역(districts), 교차점(nodes), 랜드마크(landmarks)다. 그중에서도 길은 도시의 연결 장치로서 도시의 지리적·공동체적 특징을 가장 잘 표현한다. 길은 마치 우리 몸의 핏줄처럼 도시민의 삶을 흐르게 하고 생명력을 불러일으키는 중요한 도시 공간이다. 어떤 도시라도 길의 구조를 파악하면 그 도시의 성격과 이념을 알 수 있다. 영주의 성채를 중심으로 중앙과 대각선으로 길이 뻗어 있는 중세 봉건 도시, 교회나 기념비를 중심에 놓고 도로로 겹겹이 둘러싼 종교 혹은 이념의 도시, 길을 효율적으로 배분하면서 크기와 속도까지 제한하는 근대 도시 등에서 엿볼 수 있듯이, 길은 도시의 이상이 무엇이며 시민들이 무엇에 집중되어 있는지를 가시적으로 드러낸다.[1]

제인 제이콥스는 근대 도시의 기획을 비판하면서 미국의 도시계획이 도시를 새롭게 하는 것이 아니라 오히려 도시를 파괴하고 있다고 지적한다. 제이콥스는 『미국 대도시의 죽음과 삶』에서 도시만의 독특한 공간들, 특히 보도(sidewalk)와 근린 공간에 주목한다. 보도와 근린 공간은 도시의 경계선이 되어주고 사람들을 만나게 하며 도시의 안전을 지키는

---

[1]   승효상, 『보이지 않는 건축, 움직이는 도시』, 53.

데 중요한 역할을 한다. 특히 보도는 도시에서 가장 중요한 곳이다. 보도에는 시민들의 내면을 연결해주는 무의식적 가정을 통한 신뢰가 자리하기 때문이다. 보도가 시민들의 안전을 지켜주고 신뢰를 주는 이유는 바로 사람들의 눈, 즉 감시와 관찰을 통한 마주함이 있는 곳이기 때문이다. 제이콥스는 비인격적인 거리가 익명의 사람을 만들어내어 낯설고 부조화한 도시의 풍경을 연출한다고 비판한다. 그는 근대 도시의 문제가 미학적인 문제라거나 건축 규모의 정서적 효과 차원의 문제가 아니라, 보도에 어떤 종류의 가게가 존재하는지, 사람들이 일상적으로 그 보도를 어떻게 사용하는지의 문제라고 주장한다.[2] 아무리 잘 가꾸어놓은 보도라도 결국 사람들이 이용하지 않으면 낯선 공간, 두려움의 장소가 될 뿐이다. 오래된 공공 보도라도 사람들이 끊임없이 오간다면 그곳은 안전할 뿐 아니라 시민 간에 접촉과 소통이 이루어져 도시에 생명력을 더하는 장소가 될 것이다.[3] 걷기 좋은 길, 안전한 보도는 도시의 건강성을 높여주는 동시에 타자와 낯선 사람들이 잘 부각되어 서로가 서로를 바라볼 수 있는 공간이 된다. 사람들 간의 만남과 접촉이 이루어지는 걷기의 공간은 인간적 친밀감을 높이며 마주침이 증가할 때마다 신뢰의 공간으로 변해간다.[4] 하지만 근현대 도시 기획은 거리에서 아이들을 몰아내고 시

---

2   위의 책, 90.

3   정석, 『도시의 발견』, 47-48.

4   Jane Jacobs, *The Death and Life of Great American Cities*, 유강은 역, 『미국 대도시의 죽음과 삶』(서울: 그린비, 2010), 89-90.

민의 안전을 이유로 그곳에 감시 카메라를 설치함으로써 거리를 감시의 공간이자 빨리 지나가야 하는 비대면적 공간으로 전락시켰다. 거리는 사람이 아닌 자동차를 위한 공간으로서 도보가 아닌 대중교통 시설이 지배하는 공간이 되어버렸다.[5]

승효상은 도시가 지속되기 위해서 갖추어야 할 여러 시설과 장소 가운데 중요한 것이 신성하고 경건한 침묵의 장소라 말한다. 그는 근대 기획으로는 상상할 수 없는 공간의 초월성을 강조하면서 성찰과 묵상이 가능한 장소를 기획한다. 오늘날은 번잡함과 소란스러움이 도시의 일상이지만 인간의 영혼을 맑게 빛는 고요함이 없으면 도시는 이내 피로로 인하여 지속 불가능해질 것이다.[6] 또한 길은 걷기를 통해 우리의 생각과 행동을 걷기의 속도로 늦춤으로써, 일상을 성찰할 수 있는 사색의 장으로 만들기도 한다. 이처럼 길은 도시를 새로운 공간으로 변화시키는 장소로 거듭나야 하며, 보행자들을 의미의 장소로 인도하는 성찰의 공간이자 만남의 장이 되어야 한다. 길을 걷다 마주치는 수많은 이들과의 관계가 도시를 생명력 있게 하고 타자를 자기 삶의 일부로 인정하게 함으로써 도시의 안정과 연대를 위한 단초를 제공할 것이다. 거리와 길은 도시 곳곳을 활기차게 만드는 핏줄이다.

---

5   Jane Jacobs, 유강은 역, 『미국 대도시의 죽음과 삶』, 120-121.
6   위의 책, 67.

도시의 성찰자, 만보객

근현대 도시계획에서는 사람과 사람 사이의 거리, 노동 지역과 거주 지역 사이의 거리, 중심 지역과 주변 지역 사이의 거리가 항상 문제였다. 도시가 효율성을 중시한 공간들로 재편성되면서 도시 공간은 기계적이고 비성찰적인 장소로 변화하고 있다. 도시 공간의 인간적 차원이 제거되면서 우리의 몸과 도시의 몸이 만나고 도시 공간의 파토스와 인간의 살이 부딪치는 장이 점점 사라지고 있다.[7] 데이비드 하비가 "시·공간의 압축"이라고 표현한 것과 같이, 근현대 도시 공간의 급격한 변화가 이동성의 증대를 가져오면서 여기저기로 반복적으로 옮기며 생활해야 하는 신유목적 삶이 전통적인 정주적 삶을 대체하기 시작했다.[8]

발터 벤야민은 1930년대 파리의 도심과 아케이드 등의 공간을 배회한 후 기계적이고 비인간적이 되어버린 도시 공간의 변화를 위해 근대가 배제한 시적·신체적 경험을 도시 안으로 끌어들이고자 한다. 벤야민의 분류에 따르면 도시의 주체는 도시 풍경의 일부가 되어 익명성 뒤에 숨는 "대중"과 스스로 성찰하는 개별자인 "산책자" 혹은 "만보객"(flâneur)으로 나뉜다. 벤야민은 도시의 만보객이 경험하고자 하는

---

7   김성도, 『도시 인간학』, 761.
8   박규태 외 4인, 『로컬리티와 포스트모던 공간성』 중 이상봉, "모빌리티 패러다임: 장소의 재인식과 사회관계의 재구성", 187-191.

미학적 체험이 허용되는 환경을 조성해야 도시가 살아날 수 있다고 보았다.[9] 만보객은 몰입과 이탈 사이에서 흔들리는 존재로서, 예술가, 작가, 기자로서의 성찰을 보여주는 이들이다. 그들은 거리를 전유하고 걷고 바라보며 자신을 남에게 보이기도 한다. 군중 속에서도 눈에 띌 수 있는, 보이면서도 볼 수 있는 존재인 만보객은 직접 참여하지 않으면서도 공간을 음미하는 것을 삶의 특징으로 삼는다.[10] 도시는 만보객처럼 성찰적 걸음을 걷는 주민이나 여행자의 발걸음을 통하여 비로소 존재하게 되며, 그들이 도시 안을 돌아다니며 상점, 공연장, 카페, 공원 등의 공간과 친밀해짐으로써 새롭게 창조된다.[11]

　도시의 움직임은 사람들의 장소 이동을 통하여 잘 드러나는데, 도시의 관찰자인 만보객은 성찰적 걸음을 통해 도시를 새롭게 이해하고 공간을 창조하는 능력이 있다. 또한 도시의 비밀을 찾아내고 자기 몸으로

9　성석환,『지역 공동체를 세우는 문화선교』, 94. "벤야민은 그의 당대적 삶의 원초적 형태로서 가장 자명한 사회적 유형들을 선택하는 대신, 도시의 주변부로 내려가 역사적 형상의 만보객, 매춘부, 수집가를 선택했다. 이들은 하나같이 자신의 시대에서 그 존재가 경제적으로 불안한 형상이며 사회에서 일시적인 이동 상태에 놓여 있는 사람들이다.…만보객은 어떤 단일 범주에도 속하지 않는, 문턱의 존재이다. 이러한 산책자들은 시장의 관찰자이며, 감정이입의 달인들이고 특히 무위론자이다." 김성도,『도시 인간학』, 377.

10　Gill Valentine, *Social Geographies: Space and Society*, 박경환 역,『공간에 비친 사회, 사회를 읽는 공간』(파주: 한울아카데미, 2014), 280-282.

11　이신해, 정상미,『'걷는 도시, 서울' 정책효과와 향후 정책방향』(서울: 서울연구원, 2019), 5.

경험한 도시를 다른 누군가에게 전달하는 능력을 지닌다. 만보객이 도시에 남기는 발자국은 도시의 역사성과 다양성을 경험한 흔적이다. 도시 공간이라는 특수한 환경에서 다양한 사람이 저마다의 걸음걸이로 도시를 경험한 흔적은 도시를 계속해서 새롭게 이해하도록 안내한다.[12] 벤야민은 근대 도시 속 대중들의 사고에 대한 이론적·비판적 반대가 지속적으로 존재할 수 있도록 하는 일종의 잠재성을 일깨우려고 만보객이라는 개념을 제시한 것이다. 만보객의 생활 양식은 도시 이론의 사회학적 사고에 따르지 않으며, 도시를 어떤 아우라와 숭고함이 자리하는 장소로 변화시켜 나간다.[13]

미셸 드 세르토(Michel de Certeau)는 도시를 하나의 텍스트로 이해한다. 그는 '언어적 전회'(linguistic turn)를 수행한 후기 구조주의자 혹은 탈식민주의의 흐름을 따라 '공간적 전회'를 시도하는 공간 이론가다. 세르토는 공간과 장소를 구분했다. 공간이 일상의 종합적 실천 영역이라면, 장소는 고유한 안정성을 가지고 활동에 권위를 부여하는 제도적 영역이다. 그는 공간을 '실천된 장소'로 규정한다.[14]

---

12   Ash Amin, Nigel Thrift, *Cities: Reimagining the Urban*, 10-23.

13   Mike Savage, "Walter Benjamin's Urban Thought: A Critical Analysis," 74-88. 서길완, "〈발터 벤야민의 도시사상: 비판적 분석〉, 마이크 새비지", 「건국대학교 몸문화연구소 콜로키움 발표자료」(2016), 1-5에서 재인용.

14   류지석 엮음, 『공간의 사유와 공간이론의 사회적 전유』(서울: 소명출판, 2013) 중 장세용, "미셸 드 세르토의 공간이론", 54-55.

도시는 현대인이 일상생활을 지속하는 공간이자 보행자로서 방랑하는 공간이다. 세르토는 9·11 사태로 무너진 뉴욕 세계무역센터(WTC) 110층 정상에 올라 파노라마로 도시를 바라보면서 도시의 자유를 느끼던 낯선 이동자들이 경험한 것과 같은 현상적 공간의 경험에 집중하면서, '언어적 전회'처럼 공간적 전회를 시도한다. 앞에서 말했듯이 세르토는 도시를 하나의 텍스트로 보았는데, 텍스트는 담론을 주도할 수 있는 지식인들과 사회적 계층 구조를 지지하는 이들이 만들어낸 결과물이다. 이러한 텍스트에 대한 해석, 즉 글의 비판적 읽기는 권력 구조에 맞서는 행위로서, 저자의 의도와 다른 독자들의 창의적 해석과 실천으로 기존 질서에 비틀기를 시도하고 틈을 내는 전술이다.

도시가 하나의 텍스트일 때 도시의 창조적 해석자인 만보객은 마치 독자가 글을 자유롭게 해석하듯이 도시계획가들의 논리에 순응하지 않고 발화 행위로서의 걸음걸이를 통해 수많은 의미와 기호를 발생시키며 전복적 행위를 시도한다. 다시 말해, 공간적 걷기로써 순식간에 도시의 거리를 자기화하여 도시계획의 본래 의미를 무시하고 새로 해석된 공간을 구성함으로써 거리와 광장을 전유해 그곳을 새로운 의미로 재구성한다는 것이다.[15]

---

15 장세룡, 『미셸 드 세르토, 일상생활의 창조』(서울: 커뮤니케이션북스, 2016), 52. Certeau는 공간과 장소를 구분한다. 공간이 일상의 종합적 실천 영역이라면 장소는 고유한 안정성을 가지고 활동에 권위를 부여하는 제도적 영역이다. 이들의 관계를 설정하면서 Certeau는 공간을 실천된 장소라고 말한다. 류지석 엮음, 『공간의 사유와

세르토는 도시를 기획된 도시와 읽히는 도시, 발화자와 판독자 간의 교차로 인식했다. 르네상스 시대에 원근법이 발견된 이후 인간은 투시적 시각과 전망적 시각이라는 이중 투사를 통해 도시의 표면을 조직하였고, 이는 곧 사실의 도시가 아닌 개념의 도시로 전이하는 결과를 낳았다. 개념의 도시는 공간의 생산성에 주력하면서 도시를 전통, 역사, 기회의 공시적 시스템으로 만들어 결국 추상적·익명적 주체로서의 도시를 창조한다. 따라서 일상의 실천적 행위인 걷기를 통해 도시를 다시 파악할 필요가 있다.[16]

> 도시계획은 도면과 지도를 통해 방향성을 추구하는 반면, 유랑자들의 관심은 획일화된 방향으로부터의 일탈, 즉 탈방향성으로서 도시적 타성들을 해체한다.…도시 유랑자들은 현대 세계에 의해 부과된 신속한 리듬을 거부하는 사람들을 말한다.…길을 헤매는 것으로부터 다시 방향을 잡는 데 이르는 과정을 통해 공간적-시간적 관계, 곧 세 가지의 시간성을 파악하는 것이 가능하다. 방향성, 탈방향성, 재방향성이 그것이며, 이 같은 생각들은 주로 영토화, 탈영토화, 재영토화 개념들을 통해서 들뢰즈와 가타리의 사상과 결합 될 수 있다.[17]

___

공간이론의 사회적 전유』 중 장세용, "미셸 드 세르토의 공간이론", 55.

16   김성도, 『도시 인간학』, 715.

17   위의 책, 756.

도시 공간은 도시계획가들의 기계적·합리적 사고에 의해 완성되고 관리되는 공간이 아니다. 그곳은 도시민들의 개별적 삶의 경험과 관계성과 생명력을 통해 다시 탄생하는 장소다. 걷기를 통한 재해석은 도시계획의 담론을 비판하고 넘어서는 시발점이 된다. 도시를 개념화·추상화된 공간에 머물게 하지 않고, 아래로부터의 경험, 걷기의 경험을 통하여 몸으로 읽어나가는 것이다. 도시는 고유의 감각성, 냄새, 맛 등을 띠는데, 걷기와 같은 개인의 창조적 행위가 다양한 전유와 전술을 통하여 도시를 새로운 공간으로 탄생시킨다. 도시에서의 유랑은 도시계획가들이 설정한 인식적·경험적·관계적 틀을 벗겨내며 자기만의 독법을 가지고 도시를 새로운 공간으로 만들어가는 것이다.

미셸 푸코의 관점과 달리 세르토는 파놉티콘 전략이 일반적으로 관철될 수 없다고 보았으며, 오히려 걷기를 통하여 근대의 전방위적 감시 체계에 맞설 수 있다고 하였다. 도시의 공간적 걷기는 보행자가 지형학적 체계를 전유하는 과정이며, 도시의 본래 의미를 무시하고 새롭게 서술하고 재구성하는 행위다.[18] 점유된 공간을 전유하는 걷기 행위는 또한 보행자 개개인이 국가 권력과 지배 체제에 맞서 역감시하는 과정으로서 도시를 다시 써나가는 것과 같다. "떠나지 않으면서 다르게 사는 것"(leaving without departing)이라는 세르토의 표현은 독특한 정체성의 순례자적 삶을 형이상학적인 근대적 삶의 논리를 전복하는 하나의 대안으

---

18   장세룡, 『미셸 드 세르토, 일상생활의 창조』, 55.

로 제시한 것이다. 걷기에 대한 세르토의 통찰은 근현대 도시의 새로운 가능성을 보여주는데, 이는 기독교 전통의 순례와도 맥을 같이한다. 순례자는 특정한 공간을 이동하면서 그 장소와 시간 안에서 실천하고 성찰한 것들을 가지고 그 공간에서 기도로 올려드린다.[19] 한 장소에서 다른 장소로 이동하면서 영적이고 초월적인 공간 읽기를 시도함과 동시에, 거리에서 만나는 이들에게 축복과 기도를 보냄으로써 그들의 일상을 지지하고 새로운 희망을 불러일으킨다. 순례자의 등장은 거리의 풍경을 바꿀 뿐 아니라 도시에 새로운 공기를 불어넣고 도시민의 삶과 생각에 작은 균열을 가져온다. 순례는 세속의 문법과 논리에 따른 걷기가 아니라 자기만의 여정을 다시 출발하게 하는 탈근대적·탈세속적 걷기로서 도시 공간 안에 있으면서 도시 공간을 초월하게 한다.

성찰적 걷기, 묵상적 걷기, 창조적 걷기는 자칫 땅 밟기와 같은 미신적 요소로 오해될 수 있다. 하지만 이는 도시의 우상을 타파하고 지역의 어두운 영적 세력에 저항하는 신앙적 행위인 땅 밟기가 아니라, 근현대 도시의 합리성과 세속성을 극복하기 위하여 신앙적 의미를 불러일으키는 신앙적 걷기를 제안하는 것이다. 이는 다름 아닌 예수 그리스도가

---

19   William T. Cavanaugh, *Theopolitical Imagination*, 100. 김성도는 걷기의 발화 과정을 세 가지로 주장하는데, 첫째로 "도보자가 지형의 시스템을 자기화하는 현재성을 창조하며, 둘째는 걷기의 다양한 진행 경로를 통해서 도시 공간에 흩어지는 이산성을, 그리고 마지막은 다양한 걷기의 방식으로 하나의 놀이와 즉흥의 예술과 같은 창조성을 만들어낸다." 김성도, 『도시 인간학』, 824.

도시를 어떻게 구원할 것인가?

보여준 걷기였으며 그를 따르는 제자들의 순례에 동참하는 행위이기도
하다.

도시의 순례자

언급한 바와 같이 도시 공간에서 실천될 수 있는 세르토의 창조적 걷기
는 기독교 전통의 순례와 유사하다. 순례자들은 주어진 환경을 거스르는
이들로서 자신만의 신앙적 관점과 세계관을 바탕으로 창조적 해석을 시
도하며 저마다의 공간적 서사를 만들어낸다. 그리스도를 뒤따르는 것과
나그네의 삶은 그리스도인의 신앙 고백적 응답이며, 이것이 곧 공간적
순례의 여정이 된다. 순례는 특정한 장소에 대한 공통의 기억을 되새기
고 교회 전통의 연속적 경험을 가능케 한다. 신앙의 장소는 성서의 역사
안에서 하나님과 인간이 마주하였던 구체적인 공간이며, 그 공간을 향한
순례자의 거룩한 심성과 행진이 그리스도인의 삶의 핵심이 된다.

　　순례에는 크게 세 가지의 의미가 있는데, 첫째는 '뿌리'(root)를 향
한 여정이다. 순례는 하나님과 인간이 만났던 장소라는 신앙의 근원을
향한 우리의 갈망에서 비롯되는 것이며, 기독교 역사와 전통 속에서 물
려받은 수많은 성지(shrine)는 우리가 누구인지를 명백하게 증언한다. 둘
째로 순례는 '상징적 여행'(symbolic journey)이다. 그것은 땅의 여정이지
만 궁극적으로 하나님을 향한 여정이다. 아브라함이 본향을 떠나 약속된

장소를 향해 나아간 것처럼, 그리스도인들도 최종 정착지인 하늘의 본향, 새 예루살렘을 향해 순례한다. 새로운 도시를 향한 여정은 현실의 도시를 초월하게 할 뿐 아니라, 그곳을 하늘의 도시처럼 변화시켜야 한다는 사명을 깨닫게 한다. 세 번째로 순례는 '종말론적 목적지'(eschatological destination), 즉 예수 안에서 이루어질 최종적 삶의 완성과 목적을 향해 가는 것이다.[20] 거룩한 장소를 방문하는 것은 합리주의자나 환원주의자들이 말하는 것보다 훨씬 깊은 영향과 충격을 준다. 특히 예루살렘 같은 성서 도시의 순례는 성서 내러티브를 통해 과거의 사건으로 향하는 측면도 있지만, 동시에 새로운 하나님의 도시에 대한 미래적 비전도 발견하게 한다. 거룩한 장소는 예수 안에서 모든 장소가 구속되리라는 것을 보여주고, 하나님의 자기 계시 및 거룩한 삶과 연결된 이야기를 제공하면서 강력한 신앙적 삶의 모티브를 제시한다. 순례는 종교적 신앙의 실천적 표현이며 인간의 삶과 존재의 여정을 담은 하나의 이미지다.[21] 그리고 그것은 그 장소와 공동체의 문화 안으로 깊숙이 스며들어 지역 사회에 참여하고 최종적인 이상으로 나아가는 삶을 살게한다.[22]

순례는 인간의 장소성이 사라지게 하는 것이 아니라, 그곳에 뿌리 내린 사람들이 아닌 함께 있는 사람들의 열린 만남을 통해 장소를 유동

---

20   John Inge, *A Christian Theology of Place*, 92.

21   위의 책, 100-101.

22   Paul Dixon, *Nomadic Faith* (Skyforest, CA: Urban Loft Publishers, 2014), 86.

적·관계적 방식으로 새롭게 구성한다. 즉, 그 장소를 배타적 로컬리티가 아닌 이동성과 네트워크 중심의 새로운 공간으로 부각시킨다.[23] 션 베네시(Sean Benesh)는 도보가 가능한 도시를 위한 교회 개척과 사역의 필요성을 주장하면서, "도보 가능한 도시성"(walkable urbanism)의 형성이 도시의 변화와 창조적 사역의 핵심이라고 말한다. 도보는 단순한 이동에 그치지 않고 살아 있는 도시와 문화를 만들어낸다. 특히 교회를 중심으로 도보 행위의 중요성을 강조하며 시민을 참여시키는 것은 지역 문화와 생활 생태계를 복원하는 사업이 될 것이다.[24] 베네시는 도심 안에서 개척하는 교회는 걸어서 올 수 있거나(walkable) 자전거로 접근할 수 있는 (bikeable) 장소여야 한다고 주장한다. 보행자 중심의 교회 개척은 도시민의 삶에 활력을 줄 뿐 아니라 도시 자체를 활력 있게 만드는 요소가 될 수 있다.[25] 카리나 크레민스키(Karina Kreminski)도 도시 공간의 영성적 형성을 위하여 지역 내 도보를 제안한다. 걷기는 창조적 행위로서 도시의 일상적 삶 속에 깊숙이 침투하는 동시에 사람들과 만나고 그들과 연결되게 하는 신앙적 실천이다. 하나님은 인간을 통하여, 즉 그들이 걷는 현장에서 사람들과 만나고 관계 맺는 일상을 통하여, 그분의 선교적 사역

---

23   박규태 외 4인, 『로컬리티와 포스트모던 공간성』 중 이상봉, "모빌리티 패러다임: 장소의 재인식과 사회관계의 재구성", 207-218.

24   Sean Benesh, *Exegeting the City: What You Need to Know About Church Planting in the City Today* (Skyforest, CA: Urban Loft Publishers, 2015), 137-140.

25   위의 책, 145.

을 펼치기 원하신다.[26] 그리스도인은 도시의 순례자다. 그리스도인이 하늘과 땅을 연결하고 하나님과 인간을 잇는 연결 고리로서 도시를 걸을 때, 초월과 내재의 만남을 통하여 도시 공간을 전복하며 새롭게 해석할 수 있다. 거룩한 공간을 향한 그리스도인의 장소적 여정은 그들의 발걸음이 모두를 향해 열려 있으면서도 궁극적 목적을 향해 나아가고 있음을 보여준다.

기독교 전통에서 순례는 단순히 개인적인 실천이 아니라 공동체적 특징을 지닌다. 중세 시대에 순례는 공동체적 여정이자 사회적 사건이었다. 여행이 세상의 가장자리를 향한 여정이라면 순례는 중심을 향한 여정으로서, 인간이 특별한 공간을 찾는 것을 통해 참된 자아와 진리 앞에 스스로를 내려놓게 한다. 순례의 공동체인 교회는 낯선 자들과 연대하며 그들을 환영하고 함께 걷도록 초청한다. 이러한 공동체적 걸음걸이는 미래를 향한 여정이며, 종말론적 깨달음을 얻게 하고 공동체를 소망하게 한다.[27] 결국 도시 공간의 변화를 위해 교회가 할 수 있는 가장 핵심적인 일은 바로 행진이다. 복음의 행진, 소망의 행진, 사랑의 행진은 시대정신을 새롭게 하고 시민들의 인식을 각성하며 삶을 통한 구체적 참여를 촉진할 것이다. 존재론적 변화로서의 행진은 새로운 관점으로 세

---

26   Karina Kreminski, *Urban Spirituality* (Skyforest, CA: Urban Loft Publishers, 2018), 66.

27   William T. Cavanaugh, *Migrations of the Holy*, 80-84.

도시를 어떻게 구원할 것인가?

상을 다시 바라보게 하고 오늘 여기에서 새 예루살렘을 경험하게 할 것이다.

제자도의 정치학

스탠리 하우어워스(Stanley Hauerwas)와 윌리엄 윌리몬(William H. Willimon)은 *Resident Aliens*에서 교회를 "식민지"로 그리스도인을 "나그네"로 묘사했다. 교회는 하늘나라의 식민지로서 타문화의 한가운데 있는 섬처럼 세속과 구별되고 분리된 공동체다. 그리스도인은 그곳에서 나그네와 거류민의 신분으로 살아가는 존재들이다.[28] 나그네인 백성, 즉 그리스도를 통해서만 변화될 수 있는 차별화된 백성이 된다는 것은, 도전하는 삶이고 정치적인 삶이며 그리스도로 말미암아 세상에 일어난 큰 변화에 동조하며 사는 새로운 백성을 세우는 삶이다.[29] 하우어워스는 메노나이트 신학자인 존 하워드 요더(John Howard Yoder)의 영향을 받아 주류 기독교의 크리스텐덤을 강하게 비판하면서, 권력과의 결탁을 끊고 오직 교회 공동체만의 특수성에 따른 교회를 하나의 사회적 대안으로 제

---

28 Stanley Hauerwas, William H. Willimon, *Resident Aliens*, 김기철 역,『하나님의 나그네 된 백성』(서울: 복있는사람, 2008), 12-13.

29 위의 책, 32.

시한다. 교회는 예수의 첫 제자들에게서 볼 수 있듯이 예수를 따라가고자 애쓰면서 이동하는 백성이며, 이 땅의 식민지로서 그 백성의 삶은 모험 그 자체다. 기독교 공동체는 세상이라는 상황 속에서 언제나 대안 공동체로 존재하지만 세상에서 분리된 안전한 은둔처나 정착촌은 아니다. 이 공동체는 '순례의 여정'(in via)을 걷고 있는 한 백성이며, 그들의 순례 여정은 예수 그리스도의 성육신과 사역, 말씀, 죽음, 부활 그리고 승천의 길을 따라간다.[30]

그렇다면 도시에서 어떻게 그리스도를 따를 수 있을까? 첫째는 문자적으로 예수가 여행한 장소로 이동하는 것이다. 그러나 이때 문자적 차원을 넘어 예수가 무엇을 했으며 우리가 무엇을 해야 하는지를 분명하게 이해하는 따름이 필요하다. 둘째는 경청과 바라봄으로 예수의 비유들을 주의 깊게 듣고 그때의 기적과 징조들을 관찰하고 사회적 약자에게 관심을 두면서도 권력에 대항하는 것이다. 오순절 사건 이후 베드로의 설교는 제자들이 부활을 어떻게 이해했는지를 보여주며, 그들이 성령 안에서 예수의 살아계심을 바라보고 일관되게 그것을 증거했음을 보여준다. 결국 제자란 그리스도에 대한 지식을 통해 변화되고 현실적 참여를 통해 그분의 사역이 도시 안에서 계속되게끔 하는 이들이다.

예수를 본받는 것은 단지 베끼는 것이 아니라 우리의 현실 속에서

---

30   Darrell L. Guder, *Called to Witness*, 허성식 역, 『증인으로의 부르심』(서울: 새물결플러스, 2016), 168.

예수가 행했던 것을 다시 수행하는 것이다. 이는 종말론적 휴머니즘이요 정치적 제자도로서 모방적 실천, 순종적 실천, 신앙적 실천으로 사는 것이다. 신앙은 위임된 행위를 하는 것이고 우리의 자아를 넘어선 전진이며 십자가와 부활의 방식으로 사는 삶인데, 이러한 종말론적 휴머니즘은 예수를 따르는 것에서 나오며 그리스도인은 특정 상황의 시공간을 넘어서 신앙과 희망을 실천한다. 로완 윌리엄스(Rowan Williams)는 제자도를 "한결같은 마음으로 그리스도의 무리 안에 있겠다는 자발적 태도"로 정의하면서, "제자는 온전한 평정과 균형을 유지하고 타인과 세상을 향해 열린 자세를 견지하면서 하나님의 행위를 담아내는 변혁적 삶을 통해 자신과 주위 환경과 세상을 변화시켜 나가야 한다"고 했다.[31]

도시를 지배하고 있는 세계화와 소비주의는 현재를 억압하며 현재를 거짓된 영원성에 가두어놓지만 그리스도인은 그들이 처한 문화적 환경을 넘어서는 삶을 요청받는다. 그러한 따름은 정치적으로 그리스도에 일치하는 삶으로, 자신을 종말론적 잔여물과 동일화하는 태도 및 행동을 배양하게 한다.[32] 이처럼 교회는 믿음 없는 사회 속에서 나그네와 거류민으로 살면서 새로운 모험을 감행하는 식민지로서 존재한다.[33] 그리스도를 따르는 삶을 실천하는 최선의 방법은 기도이며 기도는 들음의

---

31   Rowan Williams, *Being Disciples*, 김기철 역, 『제자가 된다는 것』(서울: 복있는사람, 2017), 42-44.

32   Graham Ward, *The Politics of Discipleship*, 277-279.

33   Stanley Hauerwas, William H. Willimon, 김기철 역, 『하나님의 나그네 된 백성』, 71.

훈련으로 연결된다. 행위적 삶(*vita activa*)은 묵상적 삶(*vita contemplativa*)에 기원을 두며 기도에 대한 탐구는 그리스도와의 일치로서 종말론적 휴머니즘이 무엇인지 이해하도록 돕는다. 기도는 개인적 소명, 헌신, 응답에 머물지 않고 아프고 갇힌 사람을 돌보며 약자를 먹이고 입히는 공적 실천으로 이어진다. 기도를 개인의 내적 활동으로 보는 것은 오해다. 기도는 경건주의나 후기-데카르트적 주제로 묶이는 것도 아니고 자기성찰이나 발전도 아니다. 그것은 개인의 구원을 넘어서는 그리스도인의 행위다. 기도는 하나님의 은혜의 영향으로 개인주의적 원자화를 넘어 하나님의 무한성에 자신을 개방하고 자신의 안팎으로 행동하게 한다. 우리는 기도 안에서 우리의 자아뿐 아니라 우리가 붙잡고 있는 세상과 마주하고 관계의 거대한 연결망 안에 놓인다. 종교는 공적 영역에서 다양한 역할을 요청받는데, 기도는 그리스도인이 참여할 수 있는 가장 정치적인 행위가 된다.[34] 기도는 기독교 제자도의 근원으로서 그리스도를 통하여 세상을 변혁하기 위해 마치 수신기를 달고 행동하는 것과 같다. 기도의 행위는 실천을 위하여 모든 것을 우주의 왕의 발 앞으로 가져오고, 그리스도의 왕 되심을 고백하는 것이다. 또한 우리는 기도를 통하여 하나님의 세계의 깊은 곳에 머물러 묵상할 수 있다. 이것이 제자도의 정치학이고 따름의 방식이다.[35]

---

34   Graham Ward, *The Politics of Discipleship*, 280.
35   위의 책, 281.

기도자는 비록 아직은 불완전하게 이해할 뿐이지만 마침내 하나님 나라가 드러나기를 기다리며 다른 존재들을 진실하고 정의롭게 준비시키면서 종말론적인 구속의 흐름에 참여한다. 하나님 나라는 아직 드러나지 않았으나 현대 유토피아주의자들의 꿈처럼 개념으로 정의될 수는 없다. 유토피아는 말 그대로 어느 곳에도 존재하지 않는 장소를 의미하며 현재의 정치를 중요하지 않게 여기도록 한다. 기독교의 하나님 나라는 유토피아가 아니라 신앙과 소망 안에서 기도의 실천으로서 그리스도를 따르는 것이다. 그리스도인의 삶의 행위는 새로운 사회적·정치적 현실로서 하나님 나라의 실재에 대한 증거다.

데이비드 렁(David P. Leong)은 도시에 대한 문화적 참여에 있어 선교 신학의 가능성을 연구하면서 크게 세 가지 방식을 제안한다. 선교 방식에서는 성육신적(incarnation) 모델을, 예언자적 과제로서는 현실의 직면(confrontation)을, 창조적인 과제로서는 상상력(imagination)을 언급한다. 렁에 따르면 우선 "말씀이 육신이 되어 우리 가운데 거하시는"그리스도의 성육신 모델이 그리스도인들의 현실 참여 모델이기에, 예수를 따르는 제자도적 삶은 그리스도의 현존(presence) 안에서의 참여이고, 교회를 통한 하나님의 성육신적 선교 활동에 대한 동참이기도 하다.[36] 제자도의 삶은 새로운 상상력을 통한 해석과 실천으로 우리를 안내한다. 공간에

---

36   David P. Leong, *Street Signs: Toward a Missional Theology of Urban Cultural Engagement* (Eugene, OR: Pickwick Publications, 2012), 38.

대한 새로운 이해와 성육신적 참여는 도시의 변혁과 재창조에 관심을 두게 한다. 둘째로 제자도를 실천하는 그리스도인은 도시의 현실적 문제인 정치·경제·사회 영역의 과제 앞에서 예언자적 통찰로서 하나님의 정의를 선언할 책무가 있다. 사회적 약자를 고려하는 하나님의 사랑이라는 관점에서 시대의 죄악상을 고발하며 억눌린 자들에게 새로운 희망과 구원의 가능성을 선포해야 한다. 마지막은 창조적 과제로서의 상상력이다. 월터 브루그만(Walter Brueggemann)의 저서 『예언자적 상상력』(*The Prophetic Imagination*, 복있는사람 역간, 2009)에서 볼 수 있듯이 모세는 하나님의 약속을 통하여 새로운 가나안을 상상하고 출애굽을 이끌었다. 그와 같이 상상력은 교회 공동체가 도시에 새로운 패러다임과 이상향을 제안하는 좋은 방식이 될 수 있다.[37] 새로운 땅 가나안을 향한 이스라엘 백성의 오랜 행진은 공통의 비전과 목표를 향해 모두를 전진하게 했던 좋은 예시다. 그것은 애굽의 부조리를 인식하고 새로운 세상을 향한 열망으로 모두를 무장시킬 뿐 아니라 현실의 한계를 극복하는 원동력이 되었다. 또한 다음 세대에 물려줄 귀한 신앙의 전통과 유산을 만들어냈다. 이와 같이 거룩한 상상의 현실화는 새로운 전통과 실천을 창출하여 변혁적 신앙을 지속하도록 할 것이다.

---

37   위의 책, 144-147.

8장

예견적
도시 공동체

근대 국가는 철저히 신학적 인간론에 뿌리를 두고 있다. 종교가 지니고 있던 권위와 신성함을 국가가 차지하면서 또 다른 종교가 되었고, 신과 인간 사이의 언약 관계는 시민들의 사회적 계약으로 대체되었다. 근대 국가는 종교가 제공하던 구원을 사회의 평화와 개개인의 행복으로 전환하고 거짓된 구원을 선전하면서 신을 향한 절대적 충성과 헌신이 국가로 향하도록 강제했다. 국가가 유지하는 평화는 진정한 것이 아니며 폭력을 수반하는 임시적·한계적 평화다. 19, 20세기의 전쟁은 폭력을 전제한 평화의 몰락을 잘 보여줄 뿐 아니라 자국의 이익을 위해 투쟁하는 국가가 얼마나 반관계적이며 반이성적인지를 드러낸다. 국가가 평화가 아닌 전쟁을 통해 구성원을 일치단결시키는 역설적인 현실을 볼 때, 결국 사회적 계약에 의한 법의 운영도 자기 이익을 위한 자본과 힘의 논리임을 알 수 있다.[1] 국가는 잘못된 방향을 향한 이상주의이며, 잘못된 방향을 향한 인간 욕망의 결과물이다. 따라서 사회가 제공하는 거짓된 구원으로 안전과 평화를 확보하려는 것은, 국가의 폭력에 기대어 자기 욕망을 성취하려는 시도에 지나지 않는다.

  그렇다면 근대 국가 정치를 대체할 수 있는 새로운 정치 체제가 가능할까? 가능하다면 어떤 형식으로 구체화해야 할까? 급진정통주의 신

---

1   William T. Cavanaugh, *Migrations of the Holy*, 194.

학은 새로운 정치체의 가능성을 성만찬에서 찾는다. 초기 교회에서부터 중세까지 이어지는 크리스텐덤 사회에서 드러난 신학은 항상 권력 지향적이었다. 종교와 정치가 결탁한 사회에서 신학은 지배 이념을 뒷받침하는 이데올로기에 지나지 않았다. 하지만 근대 국가의 실패에 따른 새로운 정치적 열망으로서 교회를 새롭게 바라보기 위해서는 전혀 다른 차원의 정치체로서 교회의 존재 방식을 고민해야 할 것이다. 교회는 단순히 대안적 정치체로 존재할 뿐 아니라 세속과는 전혀 다른 종류의 정치를 구현함으로써 세상을 신실하게 바꾸어가야 할 책임이 있다.[2]

근대 국가의 정치적·경제적 지배 아래 있는 세속 도시는 인간의 자유와 이성을 절대적으로 긍정하면서, 상호 계약과 같은 법적 질서를 통해 이 땅에 완벽한 유토피아를 구축할 수 있을 것이라는 기대를 신봉한다. 하지만 세속화된 사회에서 인간 정치체들은 바람대로 이상적인 국가와 도시를 설계하는 데 실패하였다. 급진정통주의자들은 신적인 초월성과, 성만찬에 나타나는 보편적 연대를 넘어선 참여적 사랑의 연대만이 근대적 폐해를 극복하고 이상적인 사회를 이룩할 수 있게 한다고 주장한다.

급진정통주의는 기독교에서 말하는 구원 그 자체가 '도래하는 하나님 나라'(coming Kingdom)와 '새로운 도시'(new city)이며 그것이 새로운

---

2   Oliver O'Donovan, *The Desire of the Nations* (Cambridge, UK: Cambridge University Press, 1999), 200.

사회를 상상할 수 있게 한다고 보았다. 요한계시록에서 새로운 도시는 왕, 가이사, 바로들과의 상호 작용을 통해 공적 영역에서 구체성을 띤다. 새로운 도시는 세속 국가와 도시가 꿈꾸어야 할 모델로서 초월과 내재의 종합이 가능한 영역으로, 예수 그리스도의 몸과 새 예루살렘이라는 모티브를 통해 근대 도시가 간과해온 부분들을 보완한다. 기독교가 말하는 죄와 구속의 드라마는 언약과 전례와 율법 안에서 새로운 이스라엘로 이끄시는 하나님의 섭리를 깨닫게 한다.[3] 급진정통주의가 주장하는 종말론적 교회는 '대항 정치'(counter politics), '대조 사회'(contrast society), '대안 사회'(alternative society)다. 이는 시공간의 대안적 모습을 그려내는 곳(alternative imagining of space and time)이며 다니엘 벨이 주장하는 것처럼 국가와 같이 참된 정치를 구현하는 곳이다.[4] 그곳은 모든 인간이 신 앞에서, 신을 통하여, 신과 함께 연합할 수 있는 새로운 가능성을 제안하는 동시에, 그러한 사회로 나아갈 수 있는 성찰과 연대적 삶을 가능케 한다.

물론 이것이 얼마나 실현 가능한 생각인지에 관해서는 논란의 여지가 있다. 또한 교회의 중심성과 독점성(monopoly)으로 갈등이 발생할 소지가 있다. 한스 부르스마(Hans Boersma)는 급진정통주의의 아우구스티누스에 대한 이해가 너무 일방적이라고 비판하면서, 특히 "현실 세대(saeculum)를 이해함에 있어 창조된 현실과 신적 질서의 다양한 가치들을

---

3   William T. Cavanaugh, *Migrations of the Holy*, 124-125.
4   Hans Boersma, "On the Rejection of Boundaries," *Pro Ecclesia* 15 (2006), 429.

일반화시켜 다른 공공의 영역을 인정하지 않는 과오를 범하기가 쉽다"고 하였다.[5] 그는 "교회만이 참된 도시이며 하나님의 환대와 정의가 영향을 미치는 유일한 장소라는 주장은 거만한 것이 될 수 있다"고 지적했고,[6] 국가 자체를 부정하면서 그것이 담지하고 있는 창조적 선의 가능성마저 무력화할 우려가 있다고 했다. 종교를 국가의 대안으로 제시하는 것은 신스콜라주의에서 유래한 생각으로서 '인간됨'과 '구속됨'의 차이를 제거하는 지점이 있다. 그러한 논의는 인간 공동체와 교회 공동체를 같은 범위로 보면서 사회의 공공 영역을 파괴해버릴 가능성도 있다.[7] 또한 자칫 기독교 왕국을 재건하려는 영적·초월적 시도라는 오해를 살 수도 있다. 기독교 공동체만이 진실한 정치 공동체라는 주장은 현실 국가와 도시적 삶을 거부하는 분리주의적 삶을 조장할 것이다. 따라서 교회 공동체를 유일한 대안 공동체로 주장할 때는, 현대 사회의 다양성 속에서 타 종교와의 관계는 어떻게 고려하고 행동해야 할 것인가도 여전히 숙제로 남는다.

세속 정치의 기반인 사회 계약은 타자를 진실한 존재로 바라보지 못하게 하며 개인의 이익과 사적인 관계로 서로를 인식하게 하기에 취약성이 금방 드러난다. 하나님의 형상인 타자에 대한 진실된 참여를

---

5   위의 책, 440.

6   Hans Boersma, *Violence, Hospitality, and the Cross*, 윤성현 역, 『십자가, 폭력인가 환대인가』(서울: CLC, 2014), 407.

7   위의 책, 346.

기다리고 수용하는 것이야말로 진정한 국가와 도시 공동체를 위한 최선의 길이며, 동시에 각자의 인권을 위해 서로 참여함으로써 더 나은 사회를 향한 새로운 공동체적 상상들이 가능하도록 이끌 것이다. 타자를 향한 신성적 참여는 사회 계약적 메커니즘의 허구성을 폭로할 뿐 아니라 국가가 사회를 진정한 의미에서 통합할 수 없는 근본적 이유를 드러낼 것이다. 국가에는 법과 계약을 넘어 개인과 집단들을 연결할 수 있는 초월적 차원이 절대적으로 필요하다.[8] 그러므로 이번 장에서는 대안 사회와 대안 도시를 지향하는 성만찬적 공동체란 무엇인지 살펴보면서, '도시의 신학적 상상'이 무엇을 지향하는지를 조명해보려 한다.

예전적 존재로서의 인간

제임스 스미스는 인간을 "예전적 동물"(liturgical animal)로 규정한다. 피조물은 경배를 받는 존재가 아니며 근본적으로 경배를 실천함으로써 자기 존재를 확인한다. 인간은 예전의 반복된 의식(ritual)과 절기의 리듬을 통하여 근대가 왜곡해버린 세속성을 극복할 수 있다.[9] 예전적 동물로

---

8   William T. Cavanaugh, "The City," John Milbank, Catherine Pickstock, Graham Ward eds., *Radical Orthodoxy: a New Theology*, 192-193.

9   James K. A. Smith, *Imagining the Kingdom* (Grand Rapids, MI: Baker Academics, 2013), 3-4.

서의 인간은 무언가를 지향하며 무언가를 사랑하는 존재인데, 이는 아우구스티누스의 인간 이해를 계승한 것이다. 스미스는 사랑의 방향성을 기준으로 신의 도성과 인간의 도성을 구분했던 아우구스티누스의 논의를 수용하면서, 인간은 무언가를 사랑하고 욕망하면서 자아를 형성해 간다고 주장한다.[10] 특정 대상을 향한 욕망이 삶의 방향과 정체성을 형성하므로 세속에 의해 왜곡된 인간의 욕망을 파악하고 욕망을 재형성하는 것이 중요하다. 마이클 한비(Michael Hanby)는 "인간은 근본적으로 송영적 자아(doxological self)이며 예전을 통해 형성된 송영적 성품(doxological character)에 의해 삼위일체의 생명에 참여할 수 있다"고 주장한다. 송영의 대상을 향한 황홀한 개방성은 예배자를 존재론적으로 다시 형성하는데, 그러한 변화는 항상 선물로서 주어진다.[11] 예전은 하나님의 도시에 속한 백성임을 드러내는 표지로서, 샬롬을 향한 열망을 자아내고 창조세계를 향한 하나님의 뜻에 따르는 백성을 길러낸다.[12]

송영적 자아로서의 인간은 하나님을 욕망하며, 그 욕망을 훈육하는 제의를 통하여 하나의 습관(habit)과 삶의 패턴을 형성한다. 예배 안에서

---

10   위의 책, 12.

11   Michael Hanby, "Desire: Augustine Beyond Western Subjectivity," John Milbank, Catherine Pickstock, Graham Ward eds., *Radical Orthodoxy: a New Theology*, 115–116.

12   James K. A. Smith, *Awaiting the King: Reforming Public Theology* (Grand Rapids, MI: Baker Academics, 2017), 14.

인간은 온 몸의 감각으로 참여함으로써 존재론적 변화를 경험한다. 습관은 하나의 지향성으로 특정한 방향을 향하여 일관되게 행동하도록 안내하는데, 이는 인식적이면서도 본능적이고 성찰적이면서도 반사적으로 작동한다. 하나님을 향한 제의적 습관은 하나의 성향과 덕(virtue)을 형성하게 한다. 습관은 지식이 아니라 감각이며 무의식적 차원에서의 즉각적인 반응이다. 스미스는 피에르 부르디외(Pierre Bourdieu)의 아비투스(habitus) 개념을 차용하면서 모든 경험과 인식의 근저에 있는 아비투스가 인간의 감각과 행동을 형성할 뿐 아니라 교정을 가능케 한다고 했다. 그에 따르면 예전은 이런 아비투스의 결정적 요소로서 우리의 몸을 통해 인식과 믿음을 형성한다.

스미스는 예전의 과정에서 감각적이고 시적인 참여의 부분을 강조하면서 예전을 통해 세속의 지적·인식적 참여를 넘어서는 새로운 상상력이 가능하다고 주장한다. 기독교 예배의 깊은 의도성은 서사적이고 미학적인 부분에서 참여자의 감흥을 일으킨다. 예배의 초월적 경험이 세속의 일상과는 다른 차원의 경험을 가능하게 하면서 변화를 이끌어낸다. 몸으로 신앙을 고백하는 제의적 습관을 통해 형성된 송영적 자아는 삶에서 세속의 것과는 다른 덕목들을 실천한다. 스미스는 이때 예전적 습관의 특별한 리듬(rhythms)에 주목한다.[13] 세속의 일상은 사회가 짜놓은

---

13   James K. A. Smith, *Imagining the Kingdom: How Worship Works* (Grand Rapids, MI: Baker Academics, 2013), 97.

시간과 공간을 따라 움직이는 반복적 패턴을 보이지만 예전적 습관은 비일상, 초일상의 삶으로 일상에 새로움을 선사한다. 예전적 동물은 곧 상상하는 동물로서, 이야기, 그림, 이미지, 은유와 같은 육화된 내용을 통해 시적 상상력을 발휘한다.[14] 예전은 은유의 방식으로 인간 존재에 의미를 부여하고 그것을 이야기와 결합하여 또다시 상상력을 자극한다. 예전의 형식은 몸의 감각과 감정의 역동을 불러일으키므로 자연스럽게 '신정적 상상력'(theopolitical imagination)을 형성한다. 그러한 상상력은 현실을 뛰어넘는 급진성을 띠고 특별한 공간과 시간을 만들어내면서 정치적으로 새로운 현실을 꿈꾸게 한다.

위르겐 몰트만(Jürgen Moltmann)은 만일 우리가 창조론에서 상상력을 배제한다면 창조의 미래에 관해 말할 수 없을 것이라고 주장한다. 신학 속에는 언제나 하나님과 그의 나라에 대한 환상도 포함되어 있다. 신학에서 환상을 배제하는 것은 신학의 '가장 좋은 것'을 없애는 행위일 것이다. 종말론적 방향의 신학은 미래의 메시아적 상상력에 의존하며, 그러한 상상력을 자유롭게 한다.[15] 이러한 예전적 상상력은 변화를 위한 주요 자원이다. 그것은 도시를 영적 초월의 장소, 신과 마주하는 장소로 인식하게 하여 새로운 도시를 꿈꾸게 한다. '공간의 시학'(poetics of

---

14   위의 책, 126.

15   Jürgen Moltmann, *Gott in der Schöpfung: Ökologische Schöpfungslehre*, 김균진 역, 『창조 안에 계신 하나님』(서울: 대한기독교서회, 2017), 19.

space)이라는 개념은 19세기 중반기부터 20세기 초반기에 샤를 보들레르(Charles Pierre Baudelaire), 폴 발레리(Paul Valéry), 발터 벤야민, 가스통 바슐라르(Gaston Bachelard) 등에 의해 이론화되었다. 시적 공간은 문학, 조형 예술, 음악 등을 통해 창조될 수 있는 것으로서 예술가의 비전과 상상력에 의해 만들어진 공간이다. 특히 바슐라르는 집을 상승과 하강의 틀로 이해하면서 영혼과 정신을 갖는 지향성으로 서술한다.[16] 도시 공간의 시학적 과제는 이 같은 창조적인 힘을 충분히 사용할 수 있도록 도시다움(cityness)을 획득하고 생동감을 다시 살려내는 것이다.

필립 블론드(Phillip Blond)는 급진정통주의 존재론이 예술 작품에 대한 우리의 감각에 영향을 미치면서, 이상적인 것과 실재적인 것 사이의 관계를 파악하게 한다고 보았다. 그는 물질적 현실이 우리가 하나님과 그의 이상 안에 참여할 수 있도록 하나님이 주신 기회라면, 신학은 실재가 실재 되게 하기 위하여 이상을 현실에 제공하시는 하나님의 사랑의 표현을 기술하는 것이어야 한다고 했다.[17] 신학을 통해 우리는 세계를 다시금 성스럽게 해석하고 재구성하며 예술과 같은 구체적인 실천으로 나아가게 된다. 급진정통주의는 무엇이 진리인지를 결정하는 보편적 이성과 법을 거부한다. 하나님의 존재에 참여하는 것은 관계적 은유의

---

16   김성도, 『도시 인간학』, 698.

17   John Milbank, Catherine Pickstock, Graham Ward eds., *Radical Orthodoxy: a New Theology*, 221.

방식으로 이루어진다. 하나님과 세상 사이의 은유적 관계를 발견하는 것은 권력에 물든 세속적 종교를 새롭게 한다. 은유는 이론적 해석만이 아니라 실천의 역동으로 이끌어 하나님의 생명에 참여하게 함으로써, 하나님과의 관계 안에서 모든 것이 살아 있게 만든다.[18] 이와 같이 인간을 예전적인 동물로 이해함으로써, 신성에 참여하는 새로운 방식으로 도시 안에서 전혀 다른 삶을 실천할 수 있다. 거룩한 것을 예배하며 이상을 구현하는 삶은 공간의 초월성과 영성을 깨닫는 밑거름이 될 것이다.

성만찬 정치체로서의 교회

존 지지울라스(John D. Zizioulas)는 교회를 하나의 '성찬 공동체'(Eucharistic community)로 이해했다. 성찬 공동체는 삼위일체로 존재하는 하나님과 친교하는 공동체이자 구성원을 통하여 친교를 현실화하는 친교 그 자체다.[19] 지지울라스는 교회의 보편성 개념을 성찬 공동체를 통해 이해하려 하였다. 그는 교회의 본성이 성찬을 통해 지금 여기에 계시되고 현실적으로 포착됨을 분명히 밝혔다. 지역 교회의 예배 모임과, 보편적 교회

---

18   Steven Shakespeare, *Radical Orthodoxy: a Critical Introduction* (London: SPCK, 2007), 23.

19   John D. Zizioulas, *Being as Communion,* 이세형·정애성 역, 『친교로서의 존재』(서울: 삼원서원, 2012), 85.

의 연합 행위로서 시행되는 성찬에서는 한 분이신 그리스도의 피와 살을 먹고 마시는 행위를 통해 '다자'가 '일자' 안으로 포함된다. 그리스도가 자신을 살아 있는 빵과 동일시할 때 공동체의 통일성이 완성된다.[20] 이러한 통일성은 개체의 특수성이 상실된 전체성 강화를 말하는 것이 아니다. 유기적 연결을 통해 개체의 성격을 분명히 하면서도 연대하는 하나 됨을 강조하는 것이다. 유대인이든 그리스인이든, 여자든 남자든, 노인이든 아이든, 피부색이 어떻든 상관없이, 같은 도시 안에 모인 모든 그리스도인의 공적 행위가 성찬을 통하여 나타난다. 성찬 공동체는 보편적 공동체로서 지역 교회들의 연합과 공의회적 차원으로까지 확대된다. 지지울라스는 "교회는 성만찬 속에서 그리고 성만찬을 통해서 존재한다"고 기술했다.[21] 그는 교회가 성만찬을 구성하는 것이 아니라 반대로 성만찬이 교회를 구성하며, 성만찬을 교회의 신비의 모든 것을 포괄하는 것, 즉 교회와 동일한 것으로 간주한다. 또한 성만찬을 통하여 교회와 그리스도가 하나의 몸, 즉 그리스도의 몸이 된다고 보았다.[22] 공동체의 성례전은 새로운 방향성을 제시하면서 구원과 성화의 삶으로 도시민을 안내한다. 공동체의 예배는 하나의 정치적인 행위로서 우리의 창

---

20   위의 책, 153-157.
21   Zizioulas, "Welt," 342. Miroslav Volf, *After Our Likeness: The Church as the Image of the Trinity*, 황은영 역,『삼위일체와 교회』(서울: 새물결플러스, 2012), 175에서 재인용.
22   Miroslav Volf, 황은영 역,『삼위일체와 교회』, 177.

조적 소명을 새롭게 하고 우리를 세속과 다른 방식으로 형성한다. 성만찬은 근대적 사회 관계에서 나타나는 계약과 교환의 우선성을 약화하는 정치적 실재이면서, 동시에 진정한 사회성을 발휘할 수 있는 자양분을 제공한다. 그것은 기본적으로, 우리가 지금 살고 있는 국가가 아닌 그리스도에게 충성해야 한다는 것과 우리가 범지구적 도시의 시민임을 상기해준다.[23]

캐서린 픽스톡도 그의 저서 *After Writing*에서 "예전적 도시"(liturgical city)는 성만찬의 제정으로 형성된 공동체적 도시(ecclesial city)로서, 언어와 육체가 일치되는 특성이 있다고 했다.[24] 그에 따르면 전례는 정치적인 것이고 신적 자비에 의해 활기를 찾은 진정한 도시가 되기 위한 자양분을 제공한다. 즉, 기독교인의 세례나 성만찬 의식은 단순히 종교적인 의식이 아니라 우리의 정치학에 있어 본질적인 의례들이다. 인간은 예전을 통해 스스로가 누구인지 인식하게 되며, 예전은 그리스도인이 효과적으로 사회 기능을 할 수 있는 동기와 원인을 제공한다. 따라서 예전은 사회 기능 그 자체다.[25]

---

23   James K. A. Smith, 한상화 역, 『급진 정통주의 신학』, 318.

24   D. Stephen Long, "Radical Orthodoxy," Kevin J. Vanhoozer ed., *The Cambridge Companion to Postmodern Theology* (Cambridge, UK: Cambridge University Press, 2003), 138.

25   Stanley Hauerwas, *The Peaceable Kingdom* (London: University of Notre Dame Press, 1986), 108.

미로슬라브 볼프(Miroslav Volf)는 현대성이 교회적 공동체를 이루고자 하는 인간의 의지를 뿌리부터 갉아먹으면서, 신앙은 개인주의적 삶으로 대체되고 개인의 종교 욕구를 만족시키는 방향으로 변모하고 있다고 지적했다. 그는 로마 가톨릭과 동방 정교회의 공동체적 교회론을 분석하면서 "교제"(*communio*)를 중심 개념으로 교회론을 전개한다.[26] 조셉 라칭거(Joseph Ratzinger)의 주장처럼 '교제'의 구체적 형식인 교회의 성례전은 공동체의 인격적 만남의 현장이다. 교회는 그리스도의 몸으로서 성례전을 통해 구성되며, 성례전은 교회의 존재를 신학적으로 해석하는 자원이 된다. 성례전적 몸을 통해 구체적으로 실현되는 그리스도와의 연합은 우리에게 단순히 교회의 내적 신비를 시사할 뿐 아니라 주의 만찬을 함께 모여서 기념하는 모든 사람의 교제를 가시적으로 경험하게 한다.[27] 성만찬은 지역 교회와 보편 교회를 연결하고, '공동체들의 공동체성'을 향하게 한다. 근대 국가의 허구적 계약에 의한 것이 아니라 피와 살을 공유함으로써 이루어진 그리스도의 몸의 가시적 연합은 새로운 정치체이자 이 땅에서 완성될 새로운 도시인 새 예루살렘의 현현이다.

그레이엄 워드는 기독교 공동체를 하나의 도시로 이해했다. 도시로서의 교회는 독특한 실천을 통해 되풀이되는 독특한 내러티브에 의하여

---

26   Miroslav Volf, 황은영 역, 『삼위일체와 교회』, 68.

27   Joseph Ratzinger, *Prinsipienlehre*, 17. Miroslav Volf, 황은영 역, 『삼위일체와 교회』, 82-83에서 재인용.

현재의 체제를 초월하려는 목적을 지니며, 말씀과 성례를 통해 그 구성원들 가운데 역사하는 성령의 임재를 공유한다. 다른 어떠한 도시도 구속의 내러티브를 공유하지는 못하고 중생하게 하는 성례전도 없으며 성화하는 성령의 임재 장소가 되지도 못하기에, 교회는 독특한 대안 도시로서 존재할 수 있다.[28] 이러한 교회 공동체의 독특한 실천은 정치적 차원으로 해석될 수 있다. 도시에 대한 교회의 가장 우선적인 정치적 책무는 당연히 증인이 되는 것이다. 교회는 새로운 하나님 나라의 징표로서 이 세상 안에 침투해 있으며, 서로 함께 공동체 안에서 살아간다는 새로운 정치적 가능성을 제시한다.

존 하워드 요더는 이런 입장에서, 교회가 대안적 사회를 구성할 수 있는 공동체적 비전을 성서의 내러티브에서 찾았다고 했다. 그는 교회가 매고 푸는 것(정죄와 용서), 열린 회의(공의회), 세례 그리고 성만찬이라는 여러 가지 실천을 통해 그리스도의 몸으로서 세상에 신실하게 참여하는 것이라고 말했다. 이러한 증인으로서의 실천은 세상으로부터 도피하거나 물러서는 것이 아니라 교회가 하나님의 새로운 공동체로서 도시에 적극적으로 응답하는 행위다.[29] 교회의 예전은 세속 정치에 대한 대안적 행위가 아니라 그 자체가 이미 세상에서의 정치적 행위다. 그것은 하나님 백성의 도덕적 행위들을 새롭게 인식하게 하면서 하나의 정치적 지

---

28   James K. A. Smith, 한상화 역, 『급진 정통주의 신학』, 320.

29   Justin Beaumont, Christopher Baker eds., *Postsecular Cities*, 231-232.

향성을 가지고 인류의 회복으로 나아가게 한다.[30] 새로운 도시로서의 성만찬 공동체는 진실한 연대를 이룰 뿐 아니라, 신성에의 참여를 통해 공동체의 중심에 초월성을 두어 온 인류를 향한 거대한 구원 내러티브를 현실에서 살아내도록 우리를 인도한다. 이러한 도시는 계약과 법에 의해 운영되는 것이 아니라 사랑과 헌신, 예배와 증언이라는 신실한 삶을 통해 유지된다.

화해와 포용의 성만찬 도시

성만찬(eucharist)이야말로 *religio*의 핵심으로서, 진실한 인간들의 연합의 실천이자 우리를 구원하시는 그리스도의 몸과 연대하도록 하는 행위다. 성만찬은 거짓된 신학과 인권을 강조하는 잘못된 인간론의 한계를 폭로하고 하나님의 몸의 구성원임을 확인하는 공적 레이투르기아(λειτουργία)다. 성만찬은 그리스도의 몸인 인류를 죄로 인해 나뉘었던 상태에서 하나님의 은혜로 다시 하나 된 상태로 바꾼다. 국가는 형식적인 상호 연결성을 제정했으나 진실한 공동체는 제거했고 교환의 법칙에 따라 타자와 관계 맺게 했다. 그러나 우리는 그리스도를 먹고 마시는 성찬을 통해 그리스도를 은혜로 받고 성부의 선물인 성자와 연합하여 그의

---

30   James K. A. Smith, *Awaiting the King: Reforming Public Theology*, 55-60.

몸의 일부로서 모든 이들과 함께하는 정치체가 되어 그리스도의 몸을 이루게 된다. 앞에서 말했듯이 그렇다고 각자의 독립성이 해체되는 전체주의적 연합체가 되는 것은 아니다.[31] 성만찬을 통해 개인화되고 파편화된 인간이 얼굴과 얼굴을 마주하여 만나고, 낯선 자와 이방인들까지 포용하면서 보편적인 그리스도의 몸을 이루어간다. 더 나아가서 지역과 지역, 나라와 나라 간의 단절과 갈등을 넘어서는 우주적 보편성을 띠게 된다.

볼프는 지지울라스가 지나친 '실현된 종말론'의 입장에서 '실현된 성만찬'을 주장한다고 비판하지만 성만찬을 통한 교회의 통전적·보편적 관계 재구성의 가능성은 수용한다. 성만찬은 하나님이 우리를 위해 공간을 만드시고 우리를 그곳으로 초대해들이신 것을 기념하는 예전적 시공간의 실천이다. 우리는 떡을 먹고 포도주를 마시면서 하나님의 원수였던 우리를 위해 찢긴 그의 몸과, 언약을 깨트린 우리와 새 언약을 세우기 위해 흘리신 그의 피를 기억한다. 하나님의 환대를 받은 우리는 이제 우리 안에 다른 이들을 위한 공간을 마련하고 그들을 초대해들여야

---

31 William T. Cavanaugh, "The City," John Milbank, Catherine Pickstock, Graham Ward eds., *Radical Orthodoxy: a New Theology*, 195-197. 지역 교회에서 행해지는 성찬은 그리스도의 몸의 일부분이 아닌 온전한 그리스도의 현존이며, 지역 성찬 공동체 간의 그 어떤 차이나 배제도 전제하지 않는 보편적 교회 안에서의 일치와 연합이라는 특성이 있다. 성찬에는 땅의 평화와 화해의 실천이라는 의미가 있으며 법적·계약적 의미가 있다기보다는 그리스도 안에서 인간 존재들의 직접적 만남 가운데 이루어지는 것이다.

도시를 어떻게 구원할 것인가?

한다. 성만찬을 행할 때 우리는 바로 신적 환대를 재연하게 된다.[32] 급진
정통주의에서 이러한 회복된 사회성의 기본적인 자리는 교회, 즉 그리스
도의 몸이다. 참여적 또는 창조적 존재론의 가능성은 공동체적 전례와
같은 하나님의 공동체의 실천 안에서 이루어진다.[33]

세례, 성만찬, 기도, 교리 문답 같은 구체적 실천이야말로 자아를 변
화시키고 욕망을 치유한다. 성례전적 예배는 인간 욕구의 개혁을 위한
기본적인 장이고 그것이야말로 자본주의 세계 안에서 유일하게 체제 전
복적이고 반문화적인 몸짓이다.[34] 개인의 자유와 욕망의 충족을 최우선
과제로 여기는 자본주의 체제에서 성만찬은 개인보다 공동체를 강조하
고 빈익빈 부익부의 경제적 불평등을 생명의 나눔과 공동체의 식사를
통해 해결해간다. 성만찬은 소비주의와 배고픔의 현실을 극복할 수 있
는 신적 참여의 모델이 된다.[35] 기독교의 성만찬에는 예수의 고난에 대
한 회상의 만찬이나 슬픔의 만찬을 넘어서는 보다 포괄적인 지평이 있
는데, 이는 특히 소외된 자들과 연결되어 있다. 성만찬은 공동체가 이 세
상의 배고픈 자들, 소외된 자들에게 하나님 나라의 복음을 선포하며 함

---

32   Miroslav Volf, *Exclusion and Embrace*, 박세혁 역,『배제와 포용』(서울: IVP, 2012),
       204.

33   James K. A. Smith, 한상화 역,『급진 정통주의 신학』, 311.

34   Daniel Bell, *Liberation Theology after the End of History*, 85-86. James K. A. Smith,
       한상화 역,『급진 정통주의 신학』, 339에서 재인용.

35   William T. Cavanaugh, *Being Consumed* (Grand Rapids, MI: William B. Eerdmans,
       2008), 94.

께 식사하는 사건이고, 소외와 차별이 없는 하나님 나라를 선취하면서 새로운 인류 공동체의 실현을 보여주는 것이다.[36] 세속에서 경험하지 못하는 친교의 친밀함을 경험하는 성만찬에서 우리는 개인의 거짓된 욕망과 이기심을 내려놓고 희생과 화해의 자리로 나아오도록 초대하시는 그리스도와 연합하게 된다. 성만찬은 나를 구속하기 위해 죽으신 그리스도의 살과 피에 직접적으로 참여하는 고난의 자리이며, 그 고난의 공동체 구성원들과 함께 생을 나누는 연합의 자리다. 우리를 용서하신 그리스도를 통하여 서로 용서하고 화해하는 변화와 변혁의 자리다. 밀뱅크는 참된 사회성이란 구성원들 간의 절대적 합의, 욕구의 일치, 전적인 조화를 의미하며, 이것은 정확히 교회가 제공하는 구원, 즉 존재의 회복을 통해 가능한 것이라고 말한다.[37]

윌리엄 캐버너는 1970-80년대 칠레의 피노체트 군부 독재에서 자행된 억압과 고문이 당시 사회를 어떻게 무너트렸는지를 설명하면서 무너진 공동체를 회복하고 화해와 용서로 나아갈 수 있는 구체적 방식으로 성만찬을 제안한다. 실제로 감옥에 수감된 이들이 그곳에서 성만찬을 행하면서, 세속의 권력에 의해 죽임당하신 그리스도의 죽음이 부활을 통해 극복되었던 것을 생각하며 새로운 삶과 세상을 향한 열망으로 단결하게 되었다. 억눌린 자들의 연합에 성만찬이 있었다. 땅의 도시는 거짓

---

36   김균진, 『예수와 하나님 나라』(서울: 새물결출판사, 2016), 253-255.
37   John Milbank, *Theology and Social Theory: Beyond Secular Reason*, 402.

도시를 어떻게 구원할 것인가?

된 희망과 평화를 제시하면서 그들의 권위로 폭력과 고문을 자행하지만, 하나님의 도시는 화해와 평화의 장소로서 진실한 나라(*res publica*)를 보여준다.[38] 성만찬이 예수의 죽으심과 피흘림에 대한 공동체의 기억이듯이, 칠레 교회에서의 성만찬은 군부 독재 시절 고문당한 이들을 기억하고 나아가서 피해자들과 연대하는 것으로까지 확장된다. 바울이 이해한 성만찬의 사회적 중요성은 그리스도의 피흘림에 있었는데, 그것은 수직과 수평적 화해의 신적 기원으로서 죄악된 세속에서 용서와 평화를 이루는 삶의 기초가 된다.[39] 이러한 성만찬은 고문 가해자와 피해자를 하나로 묶어주면서 진실한 연합과 용서와 화해의 장을 열었고, 교회는 성만찬 안에서 하나님 나라의 완전성(fullness)을 맛보면서 세속 국가와는 전혀 다른 새로운 정치를 펼쳐나갔다. 세속의 도시인 *polis*와는 다른 교회 공동체 *ecclesia*는 공과 사의 구분을 뛰어넘는 대안 사회이며, 세속의 리듬과 전혀 다른 교회의 리듬으로 거룩함과 구별됨, 화해와 용서를 동시에 추구한다.[40] 성만찬의 중심에는 화해와 평화가 있다. 이는 성례전적 공동체 고유의 특성으로서 구성원 간의 온전한 하나 됨을 이루게 한다. 이처럼 성례전은 용서와 화해의 삶, 포용과 연대의 삶을 살게 하는 중심이 된다.

---

38   William T. Cavanaugh, *Torture and Eucharist* (Oxford, UK: Blackwell, 1998), 215.

39   George Hunsinger, *The Eucharist and Ecumenism* (Cambridge, UK: Cambridge University Press, 2008), 257.

40   William T. Cavanaugh, *Torture and Eucharist*, 268-269.

베른트 반넨베치(Bernd Wannenwetsch)는 최근 들어 예전의 정치적 측면과 정치의 예전적 측면이 동시에 새롭게 인식되면서, 기독교 안에서 예전에 대한 초기 교회와 교부들의 이해가 재조명되고 있다고 했다. 그에 따르면 레이투르기아는 원래 세속 사회의 공적인 업무를 일컫은 말로서 '시민들을 향한 봉사'에서 기원하였으며, 공동체의 예식과 실천을 통한 정치적 행위 및 정체성 형성과 깊이 관련되어 있다. 예전은 단순히 사회 질서를 다시 세울 뿐 아니라 개인주의와 집단주의의 오류를 피하도록 우리를 안내하는 통로다.[41]

성만찬은 미래의 하나님 나라에 참여하는 동시에 예수의 삶을 기억하고 가시적 공동체의 형식으로 오늘을 살아내게 한다는 점에서 사회 변혁적이라고 할 수 있다. 캐버너는 성만찬이야말로 참된 정치(true politics)라고 주장하는데, 그 이유는 성만찬 안에서 인류가 그리스도의 몸으로 연합함으로써 세속 정부가 이루지 못하는 구원의 완성이 이루어지고 시민의 행복한 삶의 기초가 형성되기 때문이다. 예전은 절대로 사적인 영역이 아니며 언제나 공적인 역할을 담당한다. 그것은 공동체의 평화와 안녕, 축복과 번영을 기대하는 마음으로 온 공동체가 함께하는 것이기 때문에 언제나 도시민의 삶의 중심에 있어야 할 필수적인 부분

---

41   Bernd Wannenwetsch, "Liturgy and Politics: Introduction," William T. Cavanaugh, Jeffrey W. Bailey, Craig Hovey eds., *An Eerdmans Reader in Contemporary Political Theology* (Grand Rapids, MI: William B. Eerdmans, 2012), 95-96.

도시를 어떻게 구원할 것인가?

이다. 기독교의 예전은 단지 종교적 영역에만 자리하는 것이 아니라 시민으로 살아가는 그리스도인의 삶의 중심에서 사회를 변혁하고 새 예루살렘을 지향하게 하는 강력한 동기로 작동해야 한다.[42]

조지 헌싱어(George Hunsinger)도 리처드 니부어(Richard Niebuhr)의 고전적 유형론에 따라 성만찬이 세속 문화에 저항하는 사건일 수 있다고 주장한다. 그는 바울이 고린도 교회를 향해 "몸을 구별하지 못한 이들이 주의 성찬에 참여할 수 없다"고 한 대목을 근거로 성만찬은 세속과는 구별되는 무엇으로 이해해야 한다고 주장한다.[43] 그는 성만찬의 사회·윤리적 특징을 크게 두 가지로 보는데, 첫째는 대속적 희생의 삶이고, 둘째는 일치와 하나 됨을 향한 평화의 윤리다. 성만찬은 그리스도의 살과 피를 먹고 마심으로 그의 대속적 희생을 기념하는 동시에 교회와 성도가 그와 동일한 삶을 살도록 요청한다. 십자가 사건을 과거의 사건으로 묶어두지 않고, 오늘 이곳의 각자가 처한 사회적 현실 속에서 희생을 통하여 구원을 성취하도록 독려한다.

성만찬은 그리스도 예수를 기념하는 동시에 종말에 완성될 하나님 나라를 꿈꾸기에, 과거와 미래를 연결하고, 하늘과 땅, 물질적인 것과 영적인 것, 몸과 영혼을 연결하면서 영광스러운 하나님 나라를 소망하게 한다. 성만찬적 공동체는 하나님 나라의 완전성(fullness)을 미리 맛

---

42   Eric O. Jacobsen, *The Space Between*, 204.

43   George Hunsinger, *The Eucharist and Ecumenism*, 256.

보며 종말론적 시공간을 살아내게 한다.[44] 성만찬적 정치 공동체는 세속 사회가 파편화된 개인주의로 흘러가는 것을 방지할 뿐 아니라, 공동체가 진정한 정치체로 연합하고 연대할 원동력을 제공하면서 이 사회를 변혁할만한 기독교적 가치와 모델을 제시한다.

---

44   William T. Cavanaugh, *Torture and Eucharist*, 225-228.

9장

건어의 현대어

대반 공동체

도시는 사람들이 거주하는 삶의 공간이다. 고대 로마의 도시 개념인 '키비타스'(*civitas*)는 시민이라는 의미의 '키비스'(*civis*)에서 파생한 단어로서, 당시에 도시는 '시민의 공동체'를 뜻했다. 이 개념은 특정 인구 집단의 이상적이면서도 고정된 공간적 상호 소속을 의미한다. 키비타스에서 도시민들은 서로 맞물려 있어 누구도 배제할 수 없다.[1] 즉, 도시는 특정한 이들을 위한 공간이 아닌 같은 공간에 거주하는 모든 사람의 삶의 장소라는 의미다. 앙리 르페브르는 도시 공간을 시민들이 전유할 수 있는 곳으로 이해했다. 거주민들이 쫓겨나며 불평등이 발생하고 혐오와 배제가 난무한다면 그곳은 도시 공간이 아니라는 것이다. 우리 사회에서는 부동산에 대한 관심이 급증하면서 도시 공간을 소유와 매매의 대상, 즉 시장에서 교환하는 상품으로 보는 자본주의적 개념이 지배하고 있는데, 이는 공간 전유의 권리와 전혀 다른 개념이다. 도시 거주자들은 일상생활에서 도시 공간을 완전하고 완벽하게 사용할 수 있어야 한다.[2] 도시 공간의 전유를 위해서는 도시민들을 새롭게 이해하고 상호성과 공동체성을 어떻게 회복할 것인가를 논의해야 한다.

---

1   김성도, 『도시 인간학』, 800.

2   한국도시연구소 엮음, 최병두 외 20인, 『도시재생과 젠트리피케이션』(파주: 한울아카데미, 2018) 중 김용창, 강현수, "도시재생, 젠트리피케이션, 그리고 도시에 대한 권리", 460.

도시는 단일체로 파악하기보다 각 지역, 기관, 이웃의 독특성과 관계성을 인정하면서 그들이 함께 어우러져 있는 '공동체들의 공동체'로 인식하는 것이 바람직하다. 교회 역시 스스로를 하나의 공동체나 공공의 파트너로 인식할 필요가 있다. 교회 공동체는 대부분 비슷한 지역 주민들로 구성되어 있으며 공동체성의 담지자로서 지역 역사와 함께해왔다. 또 마을의 사회적 약자에 대한 따뜻한 배려와 봉사를 계속해왔으며, 그들의 필요와 관심에 응답해온 공적 기관(public institution)이다. 교회는 지역민들과 상생하는 공의로운 마을 공동체를 만들어가는 창조적인 기관이다.[3] 도시 교회는 지역에서 상당한 인적 자원을 보유하고 있으며, 파편화·개인화되고 있는 사회적 흐름과는 달리 특정한 공동체성을 유지하고 있다. 하나님 사랑과 이웃 사랑이라는 성서의 가르침이 지역의 타자에 대해 관대한 삶을 살게 하였으며, 낯선 이의 포용과 그들과의 연대에 실천적 토대가 되었다.

리처드 마우(Richard J. Mouw)는 다원화된 사회에서 그리스도인이 취해야 할 태도가 "신념 있는 시민 교양"(convicted civility)이라고 했다. 이는 자기들만의 집단 체제와 의식을 유지하는 것이 아니라 교회 밖 사람들과 대화하고 더불어 살아갈 수 있는 태도를 갖추는 것이다. '시민 교양'은 공적인 예의로서 자신과 다른 사람을 대할 때 이해심을 품고 예절을 갖추게 한다. 마우는 교양이라는 외적 태도와 함께 내적인 측면에서는

---

3   성석환, 『지역 공동체를 세우는 문화선교』, 86-87.

상호 작용을 강조하면서, 마음으로부터 동료 시민을 존중하고 사회 전체를 진심으로 배려하는 자세를 요청한다.[4] 시민적 교양을 갖추는 것은 하나님의 공의를 실천하는 태도이자 의의 대리자로의 부르심에 대한 응답이다. 특히 지역 주민들과의 관계성 형성을 위해 교회 구성원들은 환대와 샬롬의 공동체를 추구해야 할 것이다.

시민성과 초월성

마우는 시민 교양이 하나님의 성품을 본받는 것이라고 하면서 구체적 특징으로 네 가지를 든다. 첫 번째 특징은 '낯선 자에 대한 대우'이다. 구약 시대에 타자는 다른 인종이나 문화나 종교 집단에 소속된 이들로서 외국인 체류자가 대표적이었다. 다른 신을 섬기는 이들까지 선대하라는 메시지는 "너희도 애굽 땅에서 거류민이 되었었느니라"(레 19:34)라는 말씀처럼 시대의 약자와 나그네에 대한 사랑과 연대의 행위를 요구하는 것이다. 두 번째 특징은 '도시의 평안을 비는 것'이다. 포로로 끌려간 바빌로니아에서조차 그 도시의 평안을 빌라는 가르침(렘 29:7)은 타인의 안녕이 자신의 평안과 연결되어 있음을 시사한다. 세 번째 특징은 '그리

---

4   Richard J. Mouw, *Uncommon Decency: Christian Civility in an Uncivil World*, 홍병룡 역, 『무례한 기독교』(서울: IVP, 2014), 20-21.

스도를 닮은 연민의 마음'이다. 예수의 사역이 소외된 이들을 향한 사랑과 치유의 삶이었듯이, 그리스도인에게는 공적 치료자로서의 삶이 요구된다. 시민 교양의 마지막 특징은 '모든 사람을 존중하고 공경하는 것'이다(롬 12:18; 벧전 2:17).[5]

사람을 중시하는 시민 교양과 같은 맥락에서, 도시의 설계와 재생에 있어서도 효율성과 경제적 활성화를 이유로 사람의 가치, 공동체적 가치를 손상해서는 안 된다. 기계적 도시, 화폐화된 도시는 인간의 삶과 관계를 피폐케 하며, 이는 세속화된 근대 도시의 폐해다. 도시가 사람 중심적인 가치, 생명 중심적인 가치를 회복하는 데 교회의 가르침과 전통은 상당한 영적·도덕적 자원을 제공한다. 아퀴나스는 좋은 삶이란 덕스러운 것이고, 시민 공동체의 목표도 덕스러운 것이라 했다. 도시는 인간 존재가 그들의 행복을 성취하는 공간인 동시에 상호 존재함으로써 덕스럽게 생활하는 공간이다. 그런 도시의 삶을 위해 교회는 신학적 작업을 통하여 하나님이 주신 인간 번영을 위한 통합적 조건을 제시할 필요가 있다.[6] 무엇을 위한 도시를 설계해야 하며, 누구를 위한 도시를 기획해야 할까? 사람과 공동체 중심의 마을과 도시를 추구하면서, 사회적 약자를 향한 돌봄과 사랑이 구체적인 정책과 프로그램으로 연결되는 것이 중요하다. 교회는 이를 위해 시민 사회의 영역에서 적절한 인적·물적 자원을

---

5   위의 책, 30-58.
6   Graham Ward, *The Politics of Discipleship*, 210.

제공하는 공공의 파트너임을 인식해야 한다. 교회가 공적 참여를 하는 가장 효과적인 방법은 교회의 다양한 사회적 자본을 활용하는 것이다.

도시의 다양성을 유지하는 데 종교 공동체가 미치는 영향은 상당하다. 다문화 도시인 런던의 동부 지역만 하더라도 불교, 힌두교, 로마 가톨릭, 개신교를 비롯하여 열세 가지의 종교 커뮤니티가 형성되어 있으며 수천 명의 거주민이 종교 모임에 참여하고 있다. 각 종교 공동체는 종교적인 목적 외에도 민족의 정체성을 유지하고 다음 세대에 언어와 문화를 교육하며 경제적 약자를 돌보거나 의료 서비스 및 일자리를 제공하기 위해 일한다.[7] 런던은 인종이 다양하고 이동이 활발하여 다양한 교회 공동체가 형성되어 있는데, 대표적으로 1992년에 설립된 나이지리아 교회 공동체인 Kingsway International Christian Centre(KICC)는 현재 12,000여명이 모이고 케이블 텔레비전 채널을 운영하며, 교육, 법률, 상담 서비스를 제공하고 영어와 프랑스어 교육도 한다. KICC 안에는 아프리카의 다른 지역에서 온 이주민으로 구성된 작은 교회들은 물론 Glory House처럼 교인이 수천 명에 이르는 대형 교회도 존재한다.[8]

앤드류 데이비(Andrew Davey)와 일레인 그레이엄은 좋은 도시를 건설하려면 다문화적 상황을 이해해야 하며, 정체성과 차이를 강조하는 혐오의 정치 대신 서로의 공통성을 찾아갈 수 있는 신앙 공동체들의 노력

---

7   Chris Shannahan, *A Theology of Community Organizing*, 37.

8   Laurie Green, Christopher Baker eds., *Building Utopia?*, 135-136.

9장 정의와 환대의 평화 공동체

이 중요하다고 보았다. 그들은 영국의 몇 가지 사례를 들어 설명했는데, 한 사례로 영국의 어느 북부 도시에 자리 잡은 힌두교 커뮤니티 센터에서는 거대한 사원, 체육관, 주방과 식당, 세미나실을 운영하고 있다. 이곳은 지역의 다른 힌두교 공동체와도 연결되어 있으며 주중에는 요가 수업, 건강한 식사 프로그램, 인도 전통 춤 수업, 요리 수업, 영어 교실 등을 운영한다. 사원에서는 예배와 종교적 축제가 열리며 가끔씩 의료 봉사나 지역 컨퍼런스, 지역 학교의 강의가 개최된다. 인도인들이 영국으로 이주해온 것은 1940년대인데 이주민 1세대는 인종 차별을 겪고 봉급이 낮은 직업에 종사했으며 열악한 주거 환경에서 생활했다. 그러다가 시간이 지나고 사회적 지위와 생활이 안정되면서 종교적 공간(dedicated centre)의 필요성을 자각하여 힌두교 커뮤니티 센터를 만들게 된 것이다. 다양한 사람들과 만나며 문화와 정체성을 유지하게끔 도와주는 이 센터는 영국 안에 거주하면서도 스스로의 뿌리를 잊지 않도록 상기시켜주는 역할을 한다. 종교적·문화적 자본으로서 사원과 센터를 비롯한 종교 공간의 역할은 지역 내에서 상당히 광범위하며 종교·교육·문화뿐 아니라 경제·정치적으로도 중요한 역할을 한다고 인정받고 있다.[9]

맨체스터에 위치한 흑인 주류 교회인 Moss Side Church와 Chorlton Church는 1960년을 전후로 설립되어 아프리카계 카리브해인(Afro-

---

9   Justin Beaumont, Christopher Baker eds., *Postsecular Cities: Space, Theory and Practice*, 37-39.

Caribbean)의 상당수가 모이는 공적인 교회가 되었다. 교회는 이들의 안정과 정체성 형성에 상당한 영향을 미치고 있으며, 특히 흑인 2, 3세의 교육을 담당하기도 한다. 90년대 전후로는 동유럽, 중동, 중앙아시아 이주민이 늘어나면서 교회 구성원이 점점 다인종화 되고 점점 개방적인 공동체로 성장했다. 이들 교회는 공동체의 목소리를 대변하고 범죄 예방 교육을 하며 지역의 소외된 흑인을 돌보는 사회 복지 기능도 감당한다.[10] 또한 교회 기반 공동체들(church-based communities), 독립적인 백인 은사주의 교회(independent white-led charismatic churches), 성공회, 로마 가톨릭, 침례교, 에큐메니칼 진영의 교회들이 각각 도시 재생과 변화 사업에 참여하면서 도시 안에서 다양한 이들의 목소리를 대변하고 도시 사업을 위한 지역민의 네트워크 형성을 촉진하고 있다. 특히 Church Action on Poverty는 맨체스터시에 관한 여러 가지 지역 정보를 제공하면서 풀뿌리 공동체들(grassroots communities)의 활동을 이해시키고, 주민 참여 예산 제도(participatory budgeting)를 활용하면서 도시의 빈부 격차 문제를 해결하려 한다.[11]

개인화·파편화된 사회에서 시민들이 느끼는 소속감은 그들의 정체성과 관계성을 형성하는 주요한 요소다. 그렇기에 소속감을 느끼게 해

---

10   Christopher Baker, *The Hybrid Church in the City*, 114-115.
11   위의 책, 112.

주는 건조 환경에 관한 성찰이 필요하다.[12] 인간의 거주 환경에는 물리적 삶의 영역 외에도 존재의 본질적인 영역인 영적 공간과 정서적 공간이 필수적이다. 현대 사회에서 영적인 것에 대한 추구란 삶의 궁극적인 목적과 의미를 발견하는 일에 관심을 두는 것인데, 사실 종교 없는 영성 추구는 좁은 의미의 개인적 만족에 그칠 수 있다. 종교는 과거로부터 오늘날에 이르기까지 시대와 공간 안에서 다양한 이들과 대화하면서 형성된 신념과 가치의 결정체로서 인류의 상호 관계성과 공동체성을 중시한다.[13] 교회 구조는 가시적 공동체를 넘어선 신앙적 구조를 띠고 있으며 특히 영적·관계적 공동체의 성격이 강하다. 교회의 머리인 그리스도와 각 지체로 이루어진 교회 공동체는 하나의 통일된 보편 공동체를 보여주는데, 그 구조는 세속 기관과는 차원이 다른, 동질성과 다양성이 모두 존재하는 구조다. 교회는 초월적 세계에 대한 지향과 각 지역, 역사, 상황에 따른 특수한 공동체적 상황을 연결함으로써 서로 창조적으로 연결된다. 과거의 것을 그대로 답습하는 것이 아니라 새 시대와 문화에 맞게 탈바꿈하면서 연속성을 유지한다. 따라서 도시에 이상적인 초월의 공동체 모델을 제시할 수 있을 것이다.

카리나 크레민스키(Karina Kreminski)는 도시의 정체성과 영성을 새롭게 하는 차원에서 선교적 교회 운동(missional church movement)을 주장

---

12   Laurie Green, Christopher Baker eds., *Building Utopia?*, 122.

13   위의 책, 128-129.

한다. 그는 도시가 하나의 영적인 공동체이며 도시민이 공유하는 정체성, 정서, 문화 등이 결합하여 각 도시만의 독특한 도시성이 된다고 보았다. 크레민스키는 개인주의, 고립, 외로움, 파편화된 삶을 현대 도시 문화의 과제로 지적하면서, 삼위일체적 공동체(Trinitarian community)인 교회가 환대와 관용을 실천함으로써 개인주의적 영성을 극복하는 대안이 될 수 있다고 주장한다. 상호내주(perichoresis)라는 삼위일체의 특징은 환대와 우정의 모델로서 서로 안에 머무는 관계적 존재의 모습과 사랑의 충만함을 보여준다.[14] 도시의 공동체성을 회복하고 하나님 안에서 참된 가족으로서의 삶을 살아가는 것이 이 땅에서 하나님을 사랑하는 이들에게 마땅한 삶의 모습일 것이다. 찰스 매튜(Charles Matthew)는 하나님의 사랑의 통치 아래 인간의 참된 목적을 회복하고 구속하는 것이 공공의 영역에서 필요하다고 했다.[15] 정의로운 도시는 이처럼 자기에게 집중하는 곳이 아니라 도시 공동체를 위하여 공공선을 추구하는 곳이다. 그런 의미에서 교회는 정의로운 도시 안의 공동체, 도시적 공동체를 보여주는 대안 기관이다. 파편화된 이기적 삶을 내려놓고 물질 중심의 자본화된 삶을 경계하면서, 더 나은 정신과 목표, 초월적 방향을 향해 하나 되어 나아가는 모습을 보여주는 곳이 교회다.

---

14   Karina Kreminski, *Urban Spirituality*, 50-57.
15   Elaine Graham, Stephen Lowe, *What Makes a Good City?*, 19.

장소성과 초월성

장소성은 그 장소에서 살아가는 사람들의 개인적 정체성이나, 그들이 공유하는 집단 경험에 의해 형성된 공동체적 정체성으로 구체화된다. 특정한 장소는 그곳에 구축된 특정 경관의 물질적 형성, 사회적 기능, 상징적 의미와 결부되어 특정한 정체성을 만들어내고 지속한다. 특히 상징적 의미로서의 경관은 정체성의 전형으로 선정된다. 장소에 기초한 집단 정체성, 즉 장소적 정체성은 장소의 사회적·공간적 맥락에서 형성된 경관의 집단적 공유와 공통된 해석에 근거하여 집단의 결속력을 강화하며, 구성원들의 일상생활을 위한 사회 통합과 도덕적 윤리의 징표가 된다. 명동 성당이 1970-80년대 민주화의 진원지로 역할을 한 후, 오늘날 단순히 종교적 장소로서만이 아니라 역사와 시대의 증언대로 자리하고 있는 것을 생각해보면 된다.[16]

　　로마 도심에 위치한 베드로 대성당 같은 건축물은 그 자체로 도시에 성스러움을 부여한다. 성스러움은 건축물 자체에 깃들어 있는 것이 아니라 건물에 부여된 물질성·심미성·공리성에 기초한다. 다시 말해 성스러움은 그 도시에서 살아가는 이들의 공동체에 의하여 축성된다는 것이다. 사물 그 자체가 신비롭지 않더라도 베드로 대성당과 같이 베드로

16　　한국도시연구소 엮음, 최병두 외 20인, 『도시재생과 젠트리피케이션』 중 최병두, "도시재생에서 경관의 복원과 장소 정체성", 402-404.

의 시신을 안치하면 그것은 성스러움과 결부된다.[17] 중세 성당은 의미를 담고 있는 하나의 텍스트다. 중세의 종교적 건물은 제의를 위한 공간처럼 하나의 경배 행위로 이해되며 거기 반영된 예술과 건축술은 직접적으로 신학적 서술과 선포를 담당했다. 고딕 건축은 특별한 종교적 이상을 담아내면서 하나님의 본성이 인간 존재나 물질 세계와 어떻게 관계 맺는지를 보여주었다. 이러한 공간은 시민들의 세계관 형성에 있어 가장 영향력이 큰 곳이기도 하다. 시민들은 성당 안으로 들어가면서 심리적·영적으로 거대한 초월적 현실을 경험하는데, 스테인드글라스를 통해 비치는 빛과 정교한 예식이 그 효과를 더했다. 고딕 건축물의 둥근 천장과 거대한 기둥은 무한한 하나님의 특성을 표현한 것으로서, 이는 인간의 역량과 질적으로 대조적이다. 수많은 상징물과 그림도 무시할 수 없는 부분이다. 유리창의 성화들은 하나님과 인간의 구원 이야기를 신도들에게 전달했다. 도시 중앙에 있는 성당은 하나님의 집으로서 도시의 중심으로 작용하였으며, 영원한 것을 가리키며 천국으로 향하는 출입구 같은 기능을 했다.[18] 성당의 설계는 땅과 하늘을 연결하는 수직적 차원과 사람 사이의 관계를 연결하는 수평적 차원의 공간적 의미를 더하는 한편, 도시 공동체에 지속적으로 새로운 열망을 제공하면서 거룩한 변화를 꾀하도록 했다. 그것은 또한 인간의 고통, 희망, 이상, 성취에 대하여 오

---

17   김성도, 『도시 인간학』, 801-**802**.

18   Philip Sheldrake, *The Spiritual City* (Chichester, UK: Wiley Blackwell, 2014), 66.

랜 시간 누적되어 온 해석과 반응 행위들을 통하여 그들의 정체성을 되뇌도록 했다.

중세 시대에는 고딕 양식으로 건축된 성당만을 성스러운 공간으로 인식한 것이 아니라 도시 자체를 하나의 성스러운 공간으로 인식했다. 교회에서 진행되는 성례는 도시의 공적 행사였으며 축제일의 행사와도 연관되어 있었다. 거리 행진은 부활절과 맥추절 전에 각 교구별로 진행되면서 악한 기운으로부터 도시를 보호하는 행위로 받아들여졌다. 14세기 피렌체에서는 요한계시록에 나오는 열두 개의 문을 따라 도시의 성문을 열두 개로 만들었다. 비슷하게 이몰라에서도 열두 개의 성문에 각 방향마다 교회를 네 개씩 배치했는데 이는 이탈리아 도시의 특징이기도 했다. 중세 유럽 도시들은 수도원적 삶을 통해 하나님께 나아가는 방식의 삶을 추구하면서 하늘의 예루살렘을 닮아가고자 했다. 위트레흐트(Utrecht), 밤베르크(Bamberg), 파더보른(Paderborn) 등에서는 교회를 십자가 모양으로 배치했고 이것이 도시의 거룩함의 상징으로 여겨지기도 했다.[19]

도시 사상가인 알도 로시(Aldo Rossi)가 지적한 것처럼 도시 공간은 그 자체로 역사를 보관하는 장소이기에 도시는 역사의 유산으로 인식되기도 한다. 도시의 정수는 역사적 요소가 선명하게 부각된 구체적 인공물을 통해서 발현되기에, 역사적 방법론은 도시 공간에 다시금 생명

---

19   위의 책, 70.

력을 불어넣는 작업이 된다. 도시의 역사성은 집단적 정체성과 상상력에 연결되어 도시의 정신을 이루고, 도시의 정신은 도시 공간에 남아 보전되고 전승된다. 어쩌면 도시 자체가 도시의 집단 기억 저장소인지 모른다.[20] 프랑스의 종교사회학자인 다니엘 에르비외-레제(Danièle Hervieu-Léger)는 현대 세계의 종교를 이해하기 위한 개념적 도구를 규명하면서, 특수한 믿음의 양식이 개별 신자를 어떻게 공동체의 구성원으로 만드는지를 알아냈다. 그는 과거, 현재, 미래의 구성원들을 연결해주는 연결 고리(chain)가 무엇인지 고민하다가 전통 또는 집단 기억이라는 것을 발견한다. 그에 따르면 현대 사회가 덜 종교적인 이유는 세속화로 인해 사회가 합리적으로 변했기 때문이 아니라, 사회의 종교적 존재 양식 중심에 놓여 있는 집단 기억을 유지·보존할 수 있는 능력이 점점 줄어들었기 때문이다. 에르비외-레제의 용어로 표현하자면 현대 유럽 사회는 기억 상실증에 걸린 사회다.[21] 그는 『기억을 위한 종교』(*La religion pour mémoire*, 1993)에서, 그것이 실제이든 가상이든 간에 개인 신자를 그의 자아를 초월하는 무언가에 연결해주는 신앙 공동체가 존재한다고 가정하고 그러한 연결은 신앙의 사슬이 된다고 했다. 그의 주장을 조금 더 발전시키면 집단의 기억은 지역적, 국가적 혹은 국제적 기억과 관련하여 공

---

20   김성도, 『도시 인간학』, 769-770.

21   Peter L. Berger ed., *The Desecularization of the World: Resurgent Religion and World Politics*, 『세속화냐, 탈세속화냐』 중 Grace Davie, "유럽: 규칙을 입증하는 예외?", 116.

통 기억의 통일체를 만들어 하나의 정치체로서 기능하게 할 수 있음을 알 수 있다.[22]

이처럼 장소와 공간은 물리적·영토적 개념이면서 동시에 추상적·집단적 개념이다. 공간은 항상 다른 공간과의 관계 속에서와, 그 공간을 살아낸 이들의 기억과 반복적 실천 속에서 재현된다. 화려한 강남은 강북을 통해서, 먼저 산업화된 서구 문명은 덜 발달된 동양 문명에 의해서 그 특징을 잘 드러내며, 장소와 공간은 과거와 현재의 시간적 대비로 인해 특징들이 더해진다. 마르틴 하이데거(Martin Heidegger)는 공간이 결코 인간 앞에 주어져 있는 것이 아니라 창조를 통해 새롭게 탄생하는 것이라고 보았다. 하이데거에 의하면 공간이 인간의 경험을 담아내는 제한된 영역인 것이 아니라, 역으로 인간이 상상력을 통해 세계의 다양한 사물에 제자리를 부여하면서 공간성의 순수한 표상이 성립된다. 즉, 공간은 인간이 시간화하고 공간화하는 한에서만 공간이 되는 것이다.[23]

도시 공간은 하나의 기억 저장고다. 박물관이나 교회, 광장처럼 역사성이 있는 건축물은 특정한 기억을 함의하는데, 대표적으로 베를린의 유대인 박물관은 아픔과 기억의 상징물로 자리하고 있다. 제2차 세계 대전 중에 죽어갔던 수많은 유대인과 시민들을 추모하기 위해 조성된 베

---

22   위의 책 중 Grace Davie, "유럽: 규칙을 입증하는 예외?", 117.

23   Martin Heidegger, *Sein und Zeit*, 『존재와 시간』, 102-103. SSK 공간주권 연구팀 엮음, 강현수 외 8인, 『공간주권으로의 초대』, 128-129에서 재인용.

를린 유대인 박물관은 네모난 대리석 무덤들을 광장 바닥에 배치하여 비어 있음(emptiness)을 강조하고 침묵과 성찰의 공간으로 조성했다. 여러 도시에 위치한 홀로코스트 박물관 역시 역사의 기억을 담고 있는 장소다. 이러한 기념비적인 공간은 단지 과거의 비극과 참사를 다시 떠올리게 하는 데 그치지 않고 용서와 화해로 나아가도록 안내한다.[24] 교회 공간도 비슷한 역할을 한다. 교회는 지역의 역사와 전통을 담지하는 동시에 계승하고 전파하는 공적 역할을 해왔으며 도시의 영성과 시민의 정서적 측면에도 상당한 영향을 미쳐왔다. 교회는 세속의 정신을 새롭게 할 후기 세속의 대표적인 장으로서 인간의 이성 너머에 있는 초월적·영적 세계를 지향하고 그것을 통해 공동체에 이상을 제공한다. 나아가서는 참된 번영과 더 나은 사회를 향한 동력의 역할을 할 수 있을 것이다.

정의와 환대의 공동체

최근의 도시들은 과거의 도시들과 다른 특성을 띤다. 인종, 문화, 언어, 종교 등이 혼재하는 상황에서 공간과 구성원의 다양성은 정체성의 혼종성으로 이어지고 있다. 이런 상황이 도시 공간을 향한 다른 상상을 요구

---

24   Murray A. Rae, *Architecture and Theology: The Art of Place* (Waco, TX: Baylor University Press, 2017), 240-241.

함에 따라 질리언 로즈(Gillian Rose)는 "역설적 공간"(paradoxical space), 호미 바바(Homi K. Bhabha)는 "혼종적 공간"(hybrid space), 에드워드 소자는 "제3의 공간"(the third space)의 필요성을 언급한다. 도시 공간에 대한 이런 다양한 개념은 급진적 개방성을 지향하는 이질적인 공간 생산에 초점을 두면서, 한 개인이 지니는 정체성의 복잡함, 모호성, 다면성을 수용하려고 노력한다.[25] 한편 다양한 인종, 문화, 언어, 계층이 마주하는 공간인 교회는 대안 공간으로서 다른 상상을 가능케 한다. 그것은 다원성과 혼종성을 특징으로 하는 후기 세속 도시 안에서 개인과 개인, 집단과 집단이 연결되는 창조적 장소가 된다. 교회는 건물의 외관처럼 고정적이고 단단한 형태로 고착된 조직이 아니라 시대에 따라 끊임없이 변화를 거듭해온 조직이다. 낯선 이들의 출현으로 도시의 정체성과 공동체성이 약화될 때 교회는 완충지로서 사귐과 만남, 소통과 토론이 이루어지는 대안적 공간이 될 수 있다. 대안 공간으로서의 교회는 낯선 이들에게 집과 같은 안정성과 소속감을 제공할 뿐 아니라, 타자들 간의 만남으로 흐려진 경계에서 나타나는 갈등과 긴장 속에서, 도시 공동체의 새로운 보편성(new catholicity)과 다양성의 공존을 꾀할 수 있는 환대의 장소가 된다. 수전 파인스타인(Susan S. Fainstein)은 정의로운 도시가, 공간의 생산이 민주적이고 이익 주도의 도시화 과정에 저항할 수 있으며 다양성, 민주성, 형평성에 기반한 곳이라고 주장한다. 그는 주거지와 도시 재개발에서 가

---

25   Gill Valentine, 박경환 역, 『공간에 비친 사회, 사회를 읽는 공간』, 21.

장 빈곤한 이들을 위하는 평등주의적 정책 방향성을 강조하면서, 정책 수립에 있어 시민의 행동이 중요함을 강조했다. 이는 단순한 경제적 재분배만이 아니라 정치적·사회적·공간적으로도 적합한 공간의 창출을 기대한 주장이다.[26]

정의와 환대는 성서가 가르치는 주요 개념이다. 마크 고닉은 성서가 증언하는 샬롬이 도시민으로 하여금 평화를 만들어가는(peacemaking) 변혁적 제자도를 실천하도록 안내한다고 보았다. 샬롬은 갈등의 부재 상태가 아니라 인간의 번영(flourishing)을 향한 조화로운 관계와 의로움의 반영으로서, 하나님의 도시가 지향하는 핵심이다. 도시의 평화를 추구하는 것은 죄의 영향력을 전복하고 경제적·사회적 배제와 차별을 개혁해 나가는 것이다. 성례전적 공동체로서 교회는 평화를 세워가는 증인의 공동체이며, 도시에 대하여 풍성한 비전을 제시하고 시민들을 선한 삶으로 안내하는 공동체다.[27] 급진정통주의가 제안하는 성만찬은 육적인 삶을 넘어서는 초월적 삶으로 안내할 뿐 아니라 구성원 간의 참된 연합과 일치 추구의 기초가 될 수 있다. 유대인이나 그리스인이나, 여자나 남자나, 어른이나 아이나 할 것 없이 모두가 함께 참여하는 성만찬 의식은 참된 도시 공동체의 신앙적 의미와 사회적 의미를 동시에 보여준다.

---

26   Susan S. Fainstein, *The Just City* (Ithaca, NY: Cornell University Press, 2010), 36. 한국도시연구소 엮음, 최병두 외 20인, 『도시재생과 젠트리피케이션』 중 이선영, "젠트리피케이션의 최전선: 용산", 340에서 재인용.

27   Mark R. Gornik, *To Live in Peace*, 103-109.

니콜라스 월터스토프(Nicholas Wolterstorff)는 샬롬이란 인간이 모든 관계에서 평화를 누리는 상태라고 말한다. 거기에는 하나님과의 관계, 자아와의 관계, 동료와의 관계, 자연과의 관계 등이 포함된다. 샬롬은 단지 적대감이 없는 상태만을 의미하지 않는다. 샬롬이 최고조에 도달하면 그런 관계들을 누리게 된다. 샬롬은 또한 윤리적 공동체, 책임 있는 공동체의 이상이기도 하다.[28] 그것은 교회 공동체가 도시 안에서 다른 상상을 할 수 있도록 하는 원동력이자, 깨어진 공동체, 관계, 자아를 회복하게 하는 토대다. 그렇다면 그리스도인들의 책임 있는 삶, 샬롬을 향하는 삶은 구체적으로 어떻게 생활 환경에 적용될 수 있을까? 월터스토프는 먼저 현대 도시의 추함을 지적한다. 그는 19세기 영국의 산업 도시들이 인간의 삶을 어떻게 왜곡했는지와, 남아공의 흑인 도시들, 남미의 빈민가, 미국의 슬럼이 시민들의 삶에 미치는 부정적인 영향을 고발한다. 이들 도시의 건설 토대는 바로 인간의 합리성이었다. 건축가와 도시설계가들이 진정한 삶의 원천을 탐구하고 거기에 맞춰 도시를 설계하는 것이 아니라, 합리적 설계안을 만들어놓고 거기에 인간의 삶을 끼워 맞췄다. 도시는 생활을 영위하기 위한 기계로 전락했다. 이러한 20세기 도시들은 계몽주의 철학이 구체화된 것이나 마찬가지였다.[29]

---

28   Nicholas Wolterstorff, *Until Justice and Peace Embrace*, 홍병룡 역,『정의와 평화가 입맞출 때까지』(서울: IVP, 2007), 144-147.

29   위의 책, 265.

월터스토프가 주장한 것은 합리성으로 파악되지 않는 미학의 중요성이다. 그는 심미적 체험을 통해 일상적인 인간 경험을 뛰어넘어 사물의 궁극적 실재를 포착한다는 클라이브 벨(Clive Bell)과 미켈 뒤프렌(Mikel Dufrenne)의 주장에 동의한다. 이들은 이슬람 도시의 심미적 탁월성에 신성이 반영된 것을 포착하였고, 실제로 도시를 건설할 때 종교적 신념을 적용하려 했다. 도시의 아름다움을, 알라의 '통일성 안의 풍요로움'을 상징한 데서 찾은 것이다. 그렇다고 월터스토프가 이런 도시의 미학을 기독교 사상에 그대로 접목한 것은 아니다. 그의 방점은 샬롬의 관점에서 도시가 진정한 기쁨을 체험하는 것에 있었다. 샬롬은 물리적 세계와 인간의 관계에서 구현되는 것이 아니라, 하나님과 우리의 올바른 관계를 통해 이 땅에 임하는 하나님 나라의 특징이다.[30]

한스 부르스마는 교회가 복음을 공적으로 선포하는 장소인 동시에, 환대의 공적 얼굴을 목격하는 제1의 장소이며 신적 환대의 정의가 추구되는 제1의 공공 영역이라고 보았다. 그는 십자가가 어떻게 구체적으로 교회의 경계를 넘어서 정치·사회·경제 영역에서까지 공적 정의를 자극할 수 있는지를 질문한다.[31] 도심의 낙후된 지역을 회복하고 시민들의 삶을 돌보며 사회적 정의를 실현하기 위한 실천들은 공공의 역할 못지 않게 교회가 진행하는 선교적 프로그램의 역할이기도 하다. 한편 부르스

---

30   위의 책, 254-255.
31   Hans Boersma, 윤성현 역, 『십자가, 폭력인가 환대인가』, 406.

마는 교회를 환대의 공동체로 여기면서도 동시에 교회만이 환대가 가능한 유일한 공공 영역은 아니며 교회 바깥에도 환대의 가능성이 있음을 인정한다. 복음은 영원한 하나님 나라로 초청하는 것이며, 세례를 통하여 그리스도와 연합함으로써 공동체의 일원이 되는 것이다.[32] 하지만 교회의 환대는 모든 것을 초월하면서도 포괄하는 그리스도의 신적 사랑과 구원에 기초하기에 그 함의가 깊고 넓다. 환대의 공동체로서 교회의 실천은 성만찬에서 극에 달한다. 성만찬적 환대는 그리스도 및 그의 교회와 연합하는 것이며 용서와 생명을 발견하도록 하는 하나님의 초대다. 부르스마는 누가복음에 나오는 예수의 식사를 언급하면서 주의 식탁은 신적 환대를 경험하는 자리이며 예수와의 친교와 더불어 종말론적 연회를 가시적으로 보여주는 곳이라고 했다.[33] 모두를 초청하여 경계 없는 환대를 지향하는 듯 보이지만 참회와 죄 사함으로 이어져야 하며, 이는 단순히 개인적 죄 고백을 의미하는 것이 아니라 하나님과 인간, 인간과 인간 사이의 관계 회복으로 나아가는 것이다.

미로슬라브 볼프는 화해와 포용의 신학을 전개하면서 십자가를 다음과 같이 해석했다. 십자가의 핵심은 타자가 적으로 남아 있도록 내버려두지 않는 것이다. 그것은 가해자가 자기 안으로 들어올 수 있는 공간을 마련하는 그리스도를 보여준다. 볼프는 이처럼 타자를 위한 공간을

---

32   위의 책, 353-364.
33   위의 책, 366-370.

만드는 포용 과정의 네 요소를 설명하는데, 그것은 팔 벌리기, 기다리기, 팔 모으기, 다시 팔 벌리기다. 첫 번째로 팔 벌리기는 타자에게 손을 내미는 몸짓으로서 타자를 자기의 일부로 받아들이는 것이다. 두 번째로 기다리기는 타자가 자신을 향해 움직이기를 강제하지 않고 기다리는 상호적 행위다. 세 번째로 팔 모으기는 포옹 그 자체로서 상호성이 강하게 일어나는 과정이다. 네 번째로 다시 팔 벌리기는 '내'가 '우리' 속으로 사라지는 것이며 타자를 향해 함께 나아가는 것이다.[34]

교회는 제3의 공간으로서 지역의 낯선 타자들을 환대하고 그들이 편안함과 행복을 느낄 수 있는 장을 제공할 책무가 있다. 클라스 올든버그(Claes Oldenburg)는 제3의 공간의 특징을 여덟 가지로 구분하는데, 첫째는 중립 지역으로서 모든 사람이 환영을 받고, 둘째는 어떤 이유로든 계층적 구분이 없고, 셋째는 대화를 통한 상호 활동이 중심이고, 넷째는 모두가 참여할 수 있는 접근 가능성이 있으며, 다섯째는 공동체의 참여와 환대를 위한 규칙이 존재하고, 여섯째는 이 장소를 통해 이익을 추구하지 않고, 일곱째는 기쁨과 즐거움을 주는 활동적 측면을 강조하며, 마지막은 집과 같은 분위기를 연출한다는 것이다.[35] 소속감을 제공하는 공간도 규모에 따라 다양할 수 있는데, 국가나 도시처럼 '정치적 소속

---

34   Miroslav Volf, 박세혁 역, 『배제와 포용』, 198-229.
35   Ray Oldenburg, *The Great Good Place* (New York: Paragon House, 1989), 20-42.
      Eric O. Jacobsen, *The Space Between*, 246에서 재인용.

감'(public belonging)을 제공하는 공동체와, 학교, 종교, 회사처럼 경제적 이익이나 특정한 관심사를 나누면서 '사회적 소속감'(social belonging)을 제공하는 공동체, 가족이나 친구처럼 사적 관계를 통해 '인격적 소속감'(personal belonging)을 주는 공동체 등이 있다.[36] 정치적·사회적·인격적 소속감이 적절히 연결될 때 시민들은 도시 안에서 자기의 정체성을 확인하고 관계 안에서 평안함을 누릴 수 있다.

하비 콘(Harvie M. Conn)은 오늘날 교회가 도시 선교를 위해 반드시 고려해야 할 네 가지 요소가 있다고 했다. 우선 도시에 대한 교회의 반감을 해소해야 하고, 도시의 다양한 공동체성을 이해해야 하며, 기독교 공동체 외부에 이웃과 이웃, 관계망과 관계망을 연결하는 사회·문화적 고리들을 만들어야 하고, 도시의 가난하고 소외된 이들에게 집중하는 방식을 취해야 한다.[37] 교회는 현대 도시의 다양성과 파편성을 포용할 수 있는 정의와 환대와 샬롬의 장으로서, 도시의 통합과 미래 지향적 발전을 위하여 허파와 같은 곳이라고 할 수 있다. 그와 동시에 도시가 나아가야 할 방향과 구체적인 모델로서 대안 사회를 제시하는 곳이다. 도시는 교회가 될 수 없고, 반대로 교회 역시 물리적 도시가 될 수도 없다. 그러나

---

36   Eric O. Jacobsen, *The Space Between*, 250.

37   Harvie, M. Conn, "Targeting: Linking Church to Urban Community, Introduction to Part 3," Harvie, M. Conn ed., *Planting and Growing Urban Churches: From Dream to Reality* (Grand Rapids, MI: Baker, 1997), 133-134. 성석환, 『지역 공동체를 세우는 문화선교』, 96-97에서 재인용.

도시의 비전과 방향 제시, 도시민들의 덕성과 공동체성 형성, 시민 의식의 교육과 재생산, 사회 복지적인 공적 참여는, 도시를 더욱 도시답게 만드는 공적 파트너로서의 교회의 역할이라 할 수 있다. 이것이야말로 하나님의 도시, 새 예루살렘을 이 땅에 구현하고자 하는 교회의 참여적 모습일 것이다.

후기

인간은 땅을 딛고 살아간다. 살아간다는 것은 어느 장소를 기점으로 생계를 이어가고 만남을 유지하며, 다른 생명의 연속성을 위해 오늘을 버틴다는 의미다. 땅은 단순한 장소가 아니라 인간의 삶의 공간이자 집단의 기억과 정체성 형성에 절대적 영향을 미치는 장이며, 영적이고 초월적인 특징도 함께 지니는 영역이다. 하지만 오늘날의 땅은 더 이상 생명의 풍성함과 공동체의 번영을 위한 공간이 아니다. 자본에 물든 땅은 서로의 욕망과 탐욕이 부딪치는 투기의 대상이다. 현대의 도시를 보라. 우리는 철저히 기획된 공간이자 합리적 이성에 의해 정복된 욕망의 땅에서 살아간다. 인간관계는 돈을 중심으로 재편되었고 인격적인 공동체는 무너졌으며, 진실한 만남을 기대할 곳은 점점 사라지고 있다. 발전에 발전을 거듭한 메가시티(megacity)들은 소수 엘리트의 놀이터가 되었으며 수많은 노동자의 눈물과 서민의 아픈 경험들은 소리 없이 웅크리고 있다.

무미건조한 도시, 회색빛으로 물든 우리의 도시는 아파트가 장악했다. 한국 사회를 뒤덮은 아파트들은 갖가지 이름 모를 브랜드의 천국이다. 의미도 알지 못할 그 이름들은 그곳에 사는 이들의 유토피아적 공간이자 배타적인 공간이다. 자고 나면 껑충 뛰어버린 아파트 가격에 서민들은 하루하루 울상이다. 그러나 이처럼 '아파트 공화국'이라는 오명을 쓰고 있는 한국의 도시 문제는 아파트 그 자체에 있는 것이 아니다. 개발 방식에 있어 단지화 전략을 취함으로써 거주 환경의 구획화, 분리화, 집단 동질화를 가져온 것이 문제다. 기다란 담장으로 나뉜 아파트의 안과 밖은 배제와 혐오가 일상이 된 공간이다. 아파트 소유자들은 자본주의 도시의 승리자지만 나머지는 패자로 전락해버렸다.

과거 소득이 상승하면서 늘어난 중산층에게 더 나은 주거 환경에 대한 욕구가 일었는데, 정부는 이에 적절한 주택을 제공하지 못하고 아파트 단지라는 간편하고 빠른 방식을 택했다. 정부가 택지를 제공하면 민간 기업이 단지를 분양하고 건축함으로써 시민들을 빠르게 부동산 시장으로 끌어들였다. 서구의 아파트는 공공 주택의 성격이 강하지만 한국의 아파트는 편리함과 고급화를 더해 개인의 재산 증식 수단이 되었다. 그 결과 우리의 도시는 어떻게 되었을까? 거대한 아파트 단지가 마을의 다양성을 제거하고 마을의 생명 길과 같은 골목길을 파괴하였으며, 아파트 내부와 외부를 기다란 벽으로 가로막고 그들만의 캐슬을 쌓으면서 다른 지역과 분리하였다. 아파트는 마치 개방된 공간처럼 보이지만 실은 철저히 폐쇄된 공간이며 주변과 차별화를 시도함으로써 내부의 가치를 높이는 전략을 취하고 있다.

땅과 거주지를 상실한 이들은 도시의 방랑자다. 그들은 땅이 본래적 의미에서 제공하는 개인의 뿌리와 집단 정체성을 잃어버리고 여기저기 떠도는 나그네가 되었다. 그렇지만 도시는 본래 모든 사람이 함께 살아가는 삶의 공간이며 더 나은 삶을 향한 서로의 비전이 뭉쳐 어우러진 공동의 공간이자 삶의 터전이다. 우리는 누구를 위한 도시를 만들어야 할까? 도시 교회는 도시에서 어떤 공간으로 자리매김해야 할까? 앙리 르페브르는 도시권 개념을 제안하면서 특정 계층과 그룹을 위한 도시 발전이 아닌, 같은 공간을 살아가는 모든 이를 위한 권리 증진이 필요함을 역설했다. 이제는 도시를 설계하고 계획할 때 시민의 다양성을 존중하고 사회적 약자를 배려하는 공간으로 도시를 탈바꿈시킬 필요가 있다. 아파트의 거대한 담장처럼 수많은 도시의 경계는 사람 사이를 가르고 혐오와 배제를 일으키는 원인이 된다. 자본주의 원리상 한곳의 급속한 성장과 발전은 결국 또 다른 곳의 착취와 억압을 통한 것이기에, 공공선을 지향하는 기독교적 가치를 추구할 필요가 있다.

미셸 푸코는 헤테로토피아라는 개념을 통해 '사이의 공간', '상상의 공간', '이질적 공간'을 제시한다. 이는 마치 『나니아 연대기』(*Chronicles of Narnia*, 시공주니어 역간, 2019)에 나오는 옷장처럼, 그 공간으로 들어가면 현실과 전혀 다른 풍경과 경험이 가능한 장소다. 비일상적 공간이 주는 창조성과 신비감은 일상을 새롭게 전유할 수 있는 원동력이 되기 때문이다. 푸코는 다락방이나 계단 아래처럼 특별한 정체성이 부여되지 않는 공간을 헤테로토피아로 봤지만 도시 안에서는 다른 접근이 필요하다.

도시를 어떻게 구원할 것인가?

자본과 권력이 지배하는 도시 공간 안에서 탈자본화된 장소, 탈권력적인 장소의 재발견이 필요하다. 앞서 급진정통주의 입장에서 교회를 대안 도시 공동체로 소개했다. 현실 세계를 넘어서는 공간이자 새로움을 꿈꿀 수 있는 도시 교회들은 세속의 논법이 아닌 신앙의 내러티브와 예전을 통한 그들만의 정치체를 구성한다. 도시의 '사이 공간'으로서 교회는 탈자본과 탈권위를 지향할 뿐 아니라 존재 그 자체로 하나의 대안 도시 모델을 제안할 필요가 있다. 교회는 상상의 공간이자 만남과 회복이 있는 곳이다. 도시의 소외된 이들을 돌보고 엄마의 품처럼 품어주는 곳이다. 칼뱅(Jean Calvin)이 "하나님을 아버지로 고백하는 이들은 교회를 어머니로 고백한다"고 하지 않았던가! 도시의 다른 풍경과는 이질적인 십자가와 빨간 벽돌벽은 도시의 풍경을 색다르게 할 뿐 아니라 교회가 영적·심미적 가치를 일상 안으로 가지고 들어왔다는 메시지를 주기도 한다.

이처럼 도시의 공공성을 회복하고 사람들을 연결해주는 만남의 공간, 사이의 공간으로서 도시 교회가 행할 수 있는 사역은 무엇일까? 다양한 사람이 모여 사는 도시는 낯선 이들에 대한 경계와 위화감으로 인해 자칫 삭막한 폐허처럼 느껴질 우려가 있다. 시민들 사이의 중간 지대로서 대화와 만남을 위한 열린 공간이 절대적으로 필요하다. 이를 가능하게 하는 환대는 도시 교회의 대표적인 성격으로서 모두를 향한 열린 자세와 태도를 나타내는 핵심 개념이다. 예수께서 "수고하고 무거운 짐진 자들"을 부르신 것처럼 교회는 지치고 피폐한 일상을 살아가는 모든 이들을 다시 일으켜 세울 수 있는 회복의 장소다. 도시 교회는 '공유의 공간', '공공의 공간'으로서 '공간의 정의'를 추구해야 한다. 공원, 거리, 광장 등은 도시를 숨 쉬게 하는 특별한 공적 공간이다. 땅에 대한 권리를 상실한 이들에게 공적 공간은 그들의 기본적 권리를 확인할 수 있는 몇 안 되는 장소다. 아파트 경계로 도시를 구분 짓고 공간의 사유화와 사사화가 일어나는 상황에서, 교회는 공간적 정의와 화해를 위한 구체적인 장이 되어야 한다. 지역민을 연결할 수 있는 다양한 성격의 사역을 진행하여 공간에 대한 시민의 권리를 일정 부분 회복할 수 있도록 도와야 한다.

또한 도시 교회는 공동체 복원에 관심을 둬야 한다. 과거와 같은 형태의 마을 공동체를 기대할 수는 없지만, 지금도 인간의 상호 작용은 지리적 한계를 넘어 다양한 형식으로 존재하고 있다. 누군가와 끊임없이 연결되고자 하는 인간의 욕구가 오늘날에는 느슨한 연대의 형식으로 나타난다. 위르겐 하버마스(Jürgen Habermas)가 부활을 논했던 공론장, 즉 대화하고 소통할 수 있는 공공의 장소는 시민들 간의 연대를 제공할 뿐 아니라 새로운 사회를 꿈꿀 수 있는 토론의 장이 된다. 공공 영역은 개인의 사적 활동이 집합되는 영역이기에, 다양한 개인이 함께 모여 자유롭게 대화할 수 있는 공공의 장, 공동체의 장이 절대적으로 필요하다. 공공 영역의 회복은 바로 거대한 아파트 사회를 새롭게 하고 폐쇄된 시민들의 일상을 회복하는 일이 될 것이다. 이런 작업은 결국 성서가 말하는 '정의로운 도시', '샬롬의 도시', '하늘의 평화가 땅에 구현된 도시'를 만들어가는 일이다.

마지막으로 도시 교회는 도시에 비전을 제시해야 한다. 이 땅에서 믿음을 가지고 살아간다는 것은 땅을 넘어서는 시선으로 살아가는 것을 의미한다. 성서의 무대인 이스라엘의 역사는 땅의 역사이며, 땅의 획득과 상실의 반복으로 이어진 신앙 이야기였다. 그들은 '젖과 꿀이 흐르는 땅'을 향해 나아갔고, 새 하늘과 새 땅인 '새 예루살렘'을 열망하며 재림 예수를 기다렸다. 구약에서 땅은 하나님과의 언약 관계와 축복의 상징이었고, 예수가 선포한 하나님 나라는 땅의 장소적 차원과 영적 차원을 동시에 함의하고 있었다. 예수는 우리에게 새로운 장소성을 제시했다. 공간을 넘어서는 예수의 장소성은 그분이 있는 그곳이 곧 성전인 것, 인간적인 동시에 신적인 공간의 현현인 하나님 나라로 이해된다. 우리의 관심은 단순한 도시와 땅에서부터 사람으로 옮겨질 필요가 있다. 우리는 땅에 살지만 땅에 매이지 않는 삶, 도시에서 살지만 도시의 노예가 아닌 비저너리로서 새로운 의미와 가치를 부여할 수 있는 그런 삶을 살아야 한다. 예수의 삶과 사역이 보여주는 신적 공간의 현현이라는 새로운 장소성은 현대 도시가 간과한 관계적·영적 차원을 포괄하고 있다. 땅의 시선을 초월한 예수의 메시지는 이스라엘의 시선을 하늘로 옮겨가게 했다. 헤롯이 정복한 예루살렘이 아니라 종말에 완성될 새 예루살렘을 꿈꾸도록 안내했다.

땅에 대한 우리의 열망은 장소의 거룩함 추구로 이어져야 한다. 하나님의 임재에 대한 강력한 열망은 예배로 연결되고 이는 다시 예배 공동체로 확장된다. 우리는 땅의 힘이 아닌 존재의 힘, 즉 예수 그리스도를 통한 모든 존재와 공간의 성화와 구원을 기대해야 한다. 성전을 비롯한 땅에 대한 집착을 버리고 그리스도의 몸으로서의 성소와 관계성에 집중한다면, 땅에 대한 그릇된 가치관을 심어주는 부동산 신학이 허구이고 비신앙적임을 깨닫게 될 것이다. 땅은 그냥 땅일 뿐이다. 영혼을 잃은 육체와 같은 도시를 다시 살게 하고 숨 쉬게끔 하는 것은 결국 그 도시에서 살아가는 이들의 손에 달려 있다. 부디 이 책이 우리가 살아가는 도시를 향한 새로운 상상과 열망으로 이어지길 간절히 기대해 본다.

도시를 어떻게 구원할 것인가?

도시에 관한 신학적 성찰과 상상

Copyright ⓒ 김승환 2021

1쇄 발행 2021년 1월 18일

지은이 김승환
펴낸이 김요한
펴낸곳 새물결플러스

편 집 왕희광 정인철 노재현 한바울 정혜인
      이형일 나유영 노동래 최호연
디자인 윤민주 황진주 박인미 이지윤
마케팅 박성민 이원혁
총 무 김명화 이성순
영 상 최정호 곽상원
아카데미 차상희

홈페이지 www.holywaveplus.com
이메일 hwpbooks@hwpbooks.com
출판등록 2008년 8월 21일 제2008-24호
주 소 (우) 04118 서울시 마포구 마포대로19길 33
전 화 02) 2652-3161
팩 스 02) 2652-3191

ISBN 979-11-6129-187-1 93230

책값은 뒤표지에 있습니다.